D1721442

AUXILIA

Unterrichtshilfen für den Lateinlehrer

Klaus Westphalen u. a.

Bildung durch Sprache

Beiträge zum lateinischen Grammatikunterricht

C. C. Buchners Verlag · Bamberg

AUXILIA
Unterrichtshilfen für den Lateinlehrer
Herausgegeben von Dr. Friedrich Maier,
Oberstudiendirektor für Didaktik der Alten Sprachen
an der Universität München

Der Band „Bildung durch Sprache" wurde zusammengestellt
und redigiert von Prof. Dr. Klaus Westphalen, Preetz, und
enthält Beiträge von
Dr. Friedrich Maier, München,
Dr. Raimund Pfister, München,
Dr. Karl Bayer, München,
Rudolf Hotz, München,
Prof. Dr. Klaus Westphalen, Preetz,
Prof. Dr. Heinrich Krefeld, Rheine,
Prof. Dr. Helmut Vester, Birkenfeld.

CIP-Titelaufnahme der Deutschen Bibliothek

Westphalen, Klaus u. a.:
Bildung durch Sprache. Beiträge zum lateinischen Grammatikunterricht/
Friedrich Maier. – 1. Aufl. – 1990
Bamberg: Buchner, 1990
  (Auxilia; 24)
  ISBN 3-7661-5424-9
NE: Maier, Friedrich: [Sammlung]; GT

ISBN 3 7661 **5424** 9

1. Auflage 1³ ² ¹   1995 94 93 92 91 90
Die letzte Zahl bedeutet das Jahr dieses Druckes.
© C. C. Buchners Verlag, Bamberg 1990
Gesamtherstellung:
Graph. Großbetrieb Friedrich Pustet, Regensburg

Für Josef Lindauer
zum 70. Geburtstag

Geleitwort des Bayerischen Staatsministers Hans Zehetmair

De rebus grammaticis scripturum oportet illius meminisse, qui grammata litterasve et ipse et per libros docuit ob eamque causam iure litterator dicendus est, Josephi Lindauer septuagenarii.

Curriculum vitae honorandi iubilantisque nostri si inspexeris, invenias eum Latinam linguam non pupillum et paene cum lacte materno hausisse, sed iam tertio decimo aetatulae anno confecto. Natus enim filius agri cultoris Peissenbergensis, notissimo in oppido Bavariae superioris, limina humanitatis, quae semper transgredi appetiverat, adire vetitus erat, dum privatim lingua litterisque Latinis instructus Dillingae tandem anno MCMXXXIV lyceum classicum intravit.

Quam mirabilem gradum ad Parnassum Latinitatis! Hominem, qui ipse grammaticam pupulis destinatam conscripserit, ipsum pupulum adhuc barbaram linguam locutum esse! Quali constantia ac pertinacia opus fuerit, paucissimos intra menses apud grammatistam prima elementa Latinae linguae velocissimo cursu discere, hodie vix animo concipere possumus.

Nondum autem viginti annos natus diploma maturitatis adeptus est, ad eum scilicet finem, ut per quinquennium stipendia horribilia mereret. Secundo autem crudeli bello confecto Dillingam reversus studiis sapientiae et theologiae se dedidit, quoad Monachum ipsum se contulit, ut Latinis, Graecis, Germanicis litteris ac philosophiae studeret neque ea neglegeret, quae sibi maxime cordi fuisse confessus est, res naturales et Aegyptologiam. Quod nonne illustrissimo documento est verum philologum classicum non polytropon, sed omniversutissimum esse nec in eburnea quadam turri absconditam vitam degere?

Contra ac primo migraverat terrasque locosque mutaverat, studiis universitatis splendide confectis in lyceum Wilhelmianum Monacense pedem cor animumque rettulit; ibi primos docuit, duxit, educavit discipulos suos, ibidem aliquot annis post ad eiusdem lycei gubernacula accessit, quae plus decennio obtinuit.

Quibus autem annis coepit et grammaticam clarissimam Latinam conscribere et fundamenta operis didactici ponere, quod „Romae" nomine ornatum iam myriadas gymnasiastarum Germaniae in Latino discendo adiuvit, Latinitatem auxit Deoque iuvante augebit.

Quid tibi septuagenario optemus, o Josephe, qui tam bene multipliciterque meritus es de lingua Latina, de disciplina linguistica, de humanitate ipsa? Optima fruaris salute laetoque vivoque animo, ut auxilio venire possis iis iunioribus, qui tuis vestigiis insistentes novos libellos ad usum et emolumentum gymnasiastarum nostrorum conscribere conantur! Imprimis autem gaudeas numero gratulantium, qui tibi his diebus grates tuleruntque feruntque!

Scripsi Monachi iunior mense Iunio anni MCMXC.

BAYERISCHER STAATSMINISTER
FÜR UNTERRICHT UND KULTUS

(Hans Zehetmair)

6

Friedrich Maier

Lateinischer Sprachunterricht im Konzept einer zukunftsorientierten Pädagogik

Latein zählt zu den Sprachfächern des Gymnasiums; in dieser Zuordnung liegt seit alters das Schwergewicht seiner Rechtfertigung, die auch heute in vielen Punkten stichhaltig ist. Es duldet allerdings keinen Zweifel, daß sich seit der umfassenden Lehrplan-Reform in der zweiten Hälfte dieses Jahrhunderts ein Wechsel in der Perspektive, in der man das Fach legitimiert, vollzogen hat. Die Argumente gehen nicht mehr – oder nicht mehr ausschließlich – vom Fach aus, wie früher, wo man die Fachleistungen, zumeist von persönlichen Überzeugungen ausgehend, der Öffentlichkeit präsentierte. Es hat sich auch für Latein (wie für alle Gymnasialfächer) als zwingend notwendig erwiesen, gewissermaßen diese Innensicht aufzubrechen und von außen auf das Fach hin zu argumentieren. Die geänderte Perspektive liefert das Konzept einer sich allmählich neu formierenden Gymnasialbildung. Es ist zu prüfen, ob und wie der lateinische Sprachunterricht den allgemeinen Zielen der Höheren Schule förderlich ist.

Man kann und sollte jedoch den Beziehungsrahmen für eine solchermaßen außenorientierte Begründung, die man Latein als Sprachfach geben will, noch viel weiter setzen. Hat es in eben unserer Zeit einen Sinn und, wenn ja, welchen, sich intensiv mit der Sprache oder mit Sprachen zu beschäftigen?

1. Das Bemühen um Sprache – ein Zeitbedürfnis

Auf die Frage, ob das Bemühen um Sprache ein Essentiale im Bewußtsein unserer Zeit ist, können Antworten auch von Instanzen gewonnen werden, die nicht berufsmäßig mit diesem Gegenstand zu tun haben: von Denkern, die sich kritisch und mit Kompetenz zu Entwicklungen der Zeit äußern und Projek-

7

tionen auf das zukünftige Erscheinungsbild des Menschen wagen (Psychologen, Theologen, Philosophen, Soziologen, Wirtschaftswissenschaftler, Techniker, Naturwissenschaftler). Aus den Äußerungen in solch zeitkritischer und zukunftsprognostischer Literatur läßt sich möglicherweise ein Rahmen gewinnen, in dem die Bedeutung einer sprachlichen Bildung in Gegenwart und Zukunft umfassend diskutiert werden kann.

1.1 Eine Analyse der Zeit

Zunächst seien die Bedingungen und Bedürfnisse des Menschen in Gegenwart und Zukunft angedeutet, auf die sich die kritischen Analysen konzentrieren und aus deren Problematik Aussagen über zukunftsorientierte Konzepte abgeleitet werden. Es schälen sich sechs Problembereiche heraus:

1. Die Zunahme von Perfektionismus, Rationalisierung und Spezialisierung im Berufsleben, die die Entfremdung des Menschen, einen Identitätsverlust zur Folge hätten.

2. Die Vergewaltigung des Menschen durch die technokratische Versorgung und Verwaltung, wodurch ihm die Beziehung zur Mitwelt, das Bewußtsein von Sinnzusammenhängen, damit die auf Sinn gegründete Basis des Lebens allmählich verloren gingen.

3. Die Übermacht der Verwissenschaftlichung und Technisierung (die Alleinherrschaft der Technologien), die das Glück, letztlich die Existenz der Menschheit gefährde.

4. Das Zurückgeworfensein des Menschen auf sich selbst durch Frustration im Beruf, mangelnde Einsicht in die Sinnhaftigkeit der Arbeit, was zu Lebenskrisen führen könne, zumal Alleinsein, Vereinsamung, Isolation dazukommen könnten.

5. Die Herausforderung an jeden Menschen, die sich zunehmend mehrende freie, d. h. nicht von Arbeit ausgefüllte Zeit sinnvoll, ohne Langweile und mit Muße zu gestalten.

6. Der Konflikt des Menschen mit der Natur, deren Ausbeutung den Lebensraum des Menschen verwüste.

1.2 Ein neues Konzept der Allgemeinbildung

Wenn der Mensch den sich hier abzeichnenden Schwierigkeiten geistig und seelisch gewachsen sein soll, so ist er darauf vorzubereiten; eine solche Forderung wird ausdrücklich an jene Instanz gerichtet, welche die Menschen für Gegenwart und Zukunft „lebenstüchtig" zu machen hat: an die Pädagogik. Als Kernaufgabe stellt sich, soweit erkennbar, eine stärkere Orientierung von Bildung am Menschen, an seinen Bedingungen und Bedürfnissen – reduzierbar auf die Frage: Wie kann der Mensch in einer notwendig weithin technisch orientierten Welt bestehen?

Eine Lösung dieser Aufgabe wird von vielen Autoren darin gesehen, Bildung überhaupt oder noch stärker an den weitgefaßten Begriff der „Kultur" zu binden und damit verstärkt Bildung die Dimension von Geschichte und Tradition zu geben: Kulturfähigkeit des Menschen als Kontrapunkt gegen technokratische und technologische Vergewaltigung des Menschen. Aus den angedeuteten Analysen der Zeit und den Versuchen, Wege aus den Schwierigkeiten zu finden, lassen sich vier Leitziele gewinnen, die man als Schwerpunkte einer auf Zukunft ausgerichteten Bildungskonzeption betrachten kann:

1. *Kenntnis von elementaren Informationen* über das Leben der Menschen und die sie umgebende Welt sowie über ihre geschichtliche Tradition, ebenso über Bedingungen, Möglichkeiten und Notwendigkeiten des Zusammenlebens (sog. Grundlagen- oder Elementarwissen). Fähigkeit, diese Information angemessen, sinnvoll im eigenen Interesse und zum Nutzen der Gemeinschaft einzusetzen.

2. *Fähigkeit zur Reflexion* über die Zusammenhänge und Hintergründe der das Leben und die menschliche Gemeinschaft konstituierenden und tragenden Systeme, sowie *Fähigkeit zur Abstraktion und Theoriebildung,* wodurch es möglich wird, zu allgemeinen, nicht der Oberfläche und dem Augenblick ver-

9

hafteten Einsichten und Erkenntnissen zu gelangen, auf diese Weise einerseits geistige Unabhängigkeit und Distanzfähigkeit zu erreichen, andererseits sich die Fähigkeit und Bereitschaft anzueignen, immergültige Gesetzmäßigkeiten zu erkennen und anzuerkennen.

3. *Fähigkeit zu Kontemplation und Meditation,* die der „funktionalen Rationalität" eines nur technologischen und technokratischen Denkens entgegenwirken und die dem Menschen den Rückzug auf sich selbst oder in sich selbst ermöglichen, also auf eine Position, von der aus er einerseits das Verhältnis seiner geistigen, seelischen und körperlichen Kräfte am ehesten zu einem harmonischen Ausgleich bringen und sich auch zu schöpferischer, spontaner Aktivität freimachen kann, von der aus andererseits ihm die Konsequenz seines Tuns oder Nichttuns, letztlich – auch mit Hilfe der tradierten Erfahrungen – die Sinnhaftigkeit seines Lebens bedenkenswert erscheinen – auch in ideeller, ethischer und religiöser Hinsicht.

4. *Bewußtsein von der Moralität des Menschen,* also davon, daß für den einzelnen eine moralische Bindung notwendig und die Existenz einer Gemeinschaft von der Anerkennung eines allgemein gültigen und verbindlichen Wertkodex abhängig ist, daß es demnach auch in einer pluralistischen Gesellschaft mit ihren konkurrierenden Wertmustern eine bindende Grundorientierung geben muß. Als solche die Persönlichkeit konstituierenden und die Gemeinschaft tragenden Individual- und Sozialwerte sieht man: Gewissenhaftigkeit, Genauigkeit, Ausdauer, Geschicklichkeit, Ordnungssinn, Selbstdisziplin, Bescheidenheit, Mäßigung, Ehrlichkeit, Wahrhaftigkeit, Mitleid, Liebe, Gerechtigkeit, Freundlichkeit, Solidarität, gegenseitige Duldung, Kooperationsbereitschaft, Ehrfurcht vor dem Leben, Achtung sich selbst und anderen gegenüber. Werthaltungen wie diese seien angesichts der Bedrohungen des Menschen in der technischen Zivilisation um so dringender gefordert.

An diesen vier Schwerpunkten ist unschwer abzulesen, daß ein zukunftsorientiertes pädagogisches Konzept dem Prinzip der

Allgemeinbildung ein anderes Gewicht als bisher zuzuweisen hat. Gerade Personen, denen die hauptsächliche Verantwortung in der Lösung der „Menschheitsprobleme" zufällt, die geistige, politische, gesellschaftliche und wirtschaftliche Elite, sollten „nicht nur Spezialisten" sein, „sondern auch Generalisten" (R. JUNGK).

1.3 Zielsetzungen der Spracharbeit

In allen vier Schwerpunktbereichen kommt der Sprache, d. h. dem Bemühen um Sprache und dem Einsatz von Sprache, eine zentrale Bedeutung zu; ihre Leistung läßt sich in fünf Zielsetzungen erfassen:

1. Sprache dient der aktuellen Kommunikation; sie verbindet die Menschen miteinander, hat hier also eine soziale Dimension. Als Verständigungsmittel setzt sie den Besitz von Kenntnissen in Wortschatz und Strukturen, auch von Terminologien in verschiedensten Bereichen (Informationsträgern in spezialisierten Berufen: Fachsprache) voraus. Die Beherrschung der Sprache bzw. von Sprachen befähigt den Menschen, die Lösung der anstehenden Probleme anzugehen, auch auf internationaler Ebene. Die weltweite Verflochtenheit der wirtschaftlichen und politischen Systeme verlangt nach einer ausgedehnten Kommunikationsfähigkeit.

2. Sprache ermöglicht historische oder kulturelle Kommunikation. Mit der Sprache löst sich der Mensch – im Gegensatz zum Tier – aus der augenblicksbestimmten Situationsverhaftung und ist so imstande, die Zeit als eine Dimension des Lebens, der individuellen wie allgemeinmenschlichen Entwicklung in den Griff zu nehmen. So erst kann er sich mit den geschichtlichen Erfahrungen, den meisten kulturellen Errungenschaften der Vergangenheit (Literatur) in Beziehung bringen, die „Informationen aus der Vergangenheit" annehmen und sie für seine Aufgaben in der Gegenwart und Zukunft nutzbar machen.

3. Sprache ist das Vehikel zur Abstraktionsfähigkeit und zur Theoriebildung; als eines der symbolischen Systeme ist Sprache nur via Reflexion zu verstehen; die dadurch angebahnte Reflexionsfähigkeit bringt den Lernenden auf den Weg, sich die Voraussetzungen zu einem geistigen Durchdringen und womöglich Bewältigen der Probleme anzueignen. Die berufliche, im besonderen wissenschaftliche Kompetenz eines Menschen hängt entscheidend an seiner Fähigkeit zur Abstraktion, zur Reflexion; beides kommt in seiner Sprach-, d. h. Ausdrucksfähigkeit zum Vorschein.

4. Sprache ist das Medium der kontemplativen Versenkung; die Besinnung auf den existentiellen Grund führt – zumindest für den westlichen Menschen – weitgehend über die Sprache: die Sprache der Bilder, Symbole, Märchen, Mythen. Sprache wird hier getragen von emotionalen Kräften: der Intuition, der spontanen Äußerung, der schöpferischen Phantasie, der religiösen Hingabe. Als solche wird sie als ein nicht wegzudenkendes Element des ausgeglichenen, gesunden Menschen gesehen – zumal in einer immer stärker der „funktionalen Rationalität" unterworfenen Berufs- und Umwelt.

5. Sprache ist das Instrument, mit dem sich die Urerfahrungen von Werten, ästhetischen wie ethischen, aktualisieren lassen; Sinnbezüge, in denen das Leben als wertvoll und die menschliche Gemeinschaft als wertgetragen und wertefordernd erfahrbar wird, macht nur die Sprache deutlich. In dieser Leistung der Sprache fassen sich die anderen zu einer Einheit zusammen; sie werden darin überhöht: Moralisches Bewußtsein entfaltet sich in der Kommunikation mit anderen Menschen, sie bedarf ständig der Begründung, also der sich in Sprache ausdrückenden Denkfähigkeit; solche Begründungen werden weithin aus den sprachlich tradierten Wertmustern entnommen; die dauernde Besinnung auf den eigenen Lebensstandort, der auch durch sprachlich gewonnene Sinnerlebnisse bestimmt wird, erweist sich hierzu als notwendig.

2. Folgerungen

Aus den vorausgehend entwickelten Gedanken lassen sich folgende Überlegungen ableiten:

2.1 Ein humanistisches Anliegen

Eine solchermaßen auf das Bemühen um die Sprache gerichtete Bildung ist offensichtlich auf die Ganzheit des Menschen, seine geistig-seelische Konstitution gerichtet. Dem liegt die Auffassung zugrunde, daß die Sprachfähigkeit das Menschliche am Menschen ist, demnach Sprachunfähigkeit ein Krankheitssymptom darstellt (Sprache als „psychopathologisches Problem") und daß die Vernachlässigung der Sprache, die „Entsprachlichung", gleichzusetzen ist mit der „Entmenschung des Menschen" (Bruno Liebrucks). Jedes Bildungskonzept, das sich vorwiegend am Menschen und nicht an den Objekten seines Denkens und Handelns orientiert (also humanistisch im weitesten Sinne des Wortes und nicht pragmatistisch ist), weist demnach der Sprachbildung eine wichtige Aufgabe zu. Je stärker man an einer Schulart die Allgemeinbildung betont, desto zentraler wird das Bemühen um Sprache und Sprachen zur Geltung gebracht werden müssen. Sprachbildung ist demnach dem Gymnasium wesensgemäß, sofern es sich weiterhin als allgemeinbildende Schule verstehen will.

2.2 Auswirkungen auf die Schule

Vor diesem Hintergrund werden die nachfolgenden Thesen für das Gymnasium allgemein und für den Lateinunterricht im besonderen verständlich:
1. Der Vorwurf der „Sprachlastigkeit", der lange Zeit dem Gymnasium gegenüber vorgebracht wurde, hätte nur dann seine Berechtigung, wenn Sprachbildung nur unter dem einseitigen Aspekt der aktuellen Kommunikationsfähigkeit gesehen wird.

13

2. Alle Reformen, die die „Sprachfeindlichkeit" am Gymnasium begünstigen oder programmieren, laufen der Zentralaufgabe einer allgemeinbildenden Schule zuwider; sie sind demnach antigymnasial.

3. Wenn Sprachbildung als genuine Zielsetzung des Gymnasiums gelten darf, so haben alle Fächer daran mitzuwirken. Für die Sprachfächer besteht die Aufgabe, ihre Leistung für das Sprachvermögen der Schüler *(genus proximum)* in der jeweils verschiedenen Eigenart *(differentia specifica)* zu bestimmen – in gegenseitiger Abstimmung, ohne Konkurrenzdruck und -neid.

4. Der Lateinunterricht erbringt im Sprachenangebot des Gymnasiums seinen Beitrag, indem er die Möglichkeiten der Spracherfahrung, wie sie nur ihm gegeben sind, voll zur Entfaltung bringt: Vermittlung von Sprachwissen und Grammatikkategorien, Einblickgeben in das Funktionieren von Sprache an sich, Reflexion über ein Modell von Sprache, Einführen in die verschiedensten Formen ihrer textuellen Verwirklichung.

5. Der Anteil der Spracharbeit innerhalb des Lateinunterrichts darf nicht als zu gering veranschlagt werden; ein autonomer Sprachunterricht ist zwar nicht mehr vertretbar, doch erweist sich die Reduktion des Fachprofils auf die ausschließliche Lektürevorbereitung als unzulänglich. Viele erkennbare Sprachbedürfnisse blieben unbefriedigt.

6. Die Bestimmung des Faches Latein als eines „Textfaches", die sich als Konsequenz einer verengten didaktischen Orientierung einstellt, ist unangemessen, letztlich im Extrem sogar schädlich, da sie das Fach gewaltsam aus dem umfassenden Begründungszusammenhang reißt, den ihm die Dimensionen einer zukünftigen Pädagogik eröffnen.

Raimund Pfister

Formale Bildung im lateinischen Grammatikunterricht

Grundsätzliche Überlegungen und Beispiele[1]

1. Grundlegende Vorbemerkungen

1.1 Zur formalen Bildung

Zunächst verweise ich auf zwei ältere Aufsätze „Die Alten Sprachen als Denkschulung" und „Grammatik als Denkschulung von Humboldt zur Gegenwart"[2], in denen ich das Thema „formale Bildung" schon abhandeln konnte. Dieser Begriff habe bei mir damals, wie ein Kritiker meinte, eine „pädagogisch-psychologische Klärung" vermissen lassen.[3] Für eine solche ist auch hier nicht der geeignete Platz. Ich übernehme ohne

---

1 Festschriften geben die Möglichkeit, von dem ungeschriebenen Gesetz abzuweichen, in wissenschaftlichen Aufsätzen nur die dritte Person zu verwenden. So sei es gestattet, hier rückblickend einige persönliche Erinnerungen aufzufrischen. Mit dem Jubilar verbindet mich mehr als das Interesse an der Grammatik. Eines ist die Verbundenheit mit C. C. Buchners Verlag; sie führte zur gegenseitigen Abstimmung zwischen zwei Übungsbuchbänden und im Jahre 1967 zu einer Reihe von Besprechungen bei meiner Neubearbeitung der Grammatik von ENZINGER – LEITSCHUH – RUBENBAUER zu EXERCITIA LATINA (jetzt INSTRUMENTUM), die der Kompatibilität der in Bayern verwendeten Grammatiken dienlich sein sollte. Ein anderes ist der gemeinsame Bezug zum Wilhelmsgymasium in München. Es hatte schon seit 1872 mit LORENZ ENGLMANN einen hervorragenden Grammatiker als Leiter, 1950 folgte MAX LEITSCHUH und 1968–1981 unser Jubilar. Ich besuchte es bis 1930 als Schüler und hatte das Glück, dort von PETER HUBER aufs beste für die deutsch-lateinische Übersetzung in der Reifeprüfung vorbereitet zu werden. Seine am Wilhelmsgymnasium entstandenen lateinischen Übungsbücher für die 4., die 5. und die Klassen 8 und 9 (nach alter Zählung) bieten heute noch treffliches Material für die Stilübungen der Lateinstudierenden. Wenn Bayern der Abschaffung der deutsch-lateinischen Reifeprüfung in Preußen nicht schon 1925, sondern erst 10 Jahre später folgte, so spielte eine entscheidende Rolle ein Vortrag HUBERS in der Münchner Ortsgruppe des Vereins Bayerischer Philologen am 15. Dezember 1925.
2 AUXILIA 17 (1988), 27–45, 46–75; vgl. dazu 6–8.
3 AUXILIA 17 (1988), 7.

Bedenken den Begriff aus der Fachsprache der pädagogischen Wissenschaft, wo er sich trotz lebhafter Anfeindungen gehalten hat, ohne daß eine präzise und allgemein anerkannte Definition sich durchgesetzt hätte. Es handelt sich um positive Wirkungen, die der Grammatikunterricht über die Fähigkeit, einen lateinischen Text zu verstehen, hinaus haben kann. Eine genauere Bedeutungsbestimmung muß sich aus den Beispielen ergeben. Mit der Übernahme des Begriffs setzt man sich freilich der Gefahr aus, auch für die Fälle haftbar gemacht zu werden, wo eine höchst fragwürdige Praxis sich mit der Berufung auf die formale Bildung zu rechtfertigen suchte.

1.2 Zur logischen Schulung

Die logische Schulung, von der im Zusammenhang mit dem Lateinunterricht noch häufiger als von der formalen Bildung gesprochen wurde und auch noch wird, bedarf noch einiger Erklärungen. Zu Hegels Zeiten hoch gepriesen, geriet sie im Lauf des 19. Jahrhunderts durch die Entwicklung der Sprachwissenschaft und der Psychologie so in Mißkredit, daß sie 1901 in den preußischen Lehrplänen durch ‚grammatische Schulung‘ ersetzt wurde. In Frankreich hielt sich die *grammaire* als *la logique des enfants* noch wesentlich länger. Aber auch heute noch findet man die ‚logische Schulung‘ durch die lateinische Sprache in Werbeschriften und Äußerungen führender Männer, darunter auch Philologen (solche von Frauen sind mir nicht bekannt).[4]

Man sollte hier nicht vorschnell von Vulgärpädagogik sprechen. Freilich finde ich den Begriff der Logik in all den fachdidaktischen Auseinandersetzungen nirgends diskutiert oder

---

4 Vgl. SCHADEWALDT, W.: Sinn und Wert der humanistischen Bildung. In: Hellas und Hesperien. – Stuttgart 1960, 936: „Fast jeder weiß, daß vor allem die lateinische Sprache auf Grund ihrer einzigartigen gedanklichen Strenge und klaren Durchgeformtheit ein hervorragendes Mittel der Schulung zu logischer Schärfe und Klarheit ist." Zitiert nach AHRENS, E.: Lateinausbildung im Studienseminar. – Frankfurt am Main u. a. 1963, 228.

definiert. Logik gehört hier nicht einer Fachterminologie, sondern der allgemeinen Umgangssprache an. Wer vom Latein als einer von ihm selbst erfahrenen Schulung des logischen Denkens spricht, weiß in etwa, was er damit meint, und der Hörer weiß es auch.

In diesem Jahrhundert gehen die Meinungen der Fachphilosophen über die Logik in arger Zersplitterung auseinander. Die Logiker befaßten sich unter dem Namen der Logistik vor allem mit Kalkülen, d. h. mit Kunstsprachen, die aus einem System von Zeichen und Regeln über ihre Verwendung bestehen, haben sich aber dann auch den natürlichen Sprachen zugewandt, weil diese für die Fülle der Aufgaben, die dem Erkenntnisstreben gestellt sind, unentbehrlich sind. In der modernen Linguistik hat die moderne Logik wieder einen Gesprächspartner gefunden; die transformationelle Grammatik sucht die Logik in einer Tiefenstruktur.[5] Man mag vom Lateinlernen als einer Schule des logischen Denkens sprechen, sollte die Bezeichnung als logische Sprache jedoch den Kunstsprachen vorbehalten. Es geht bei der formalen Bildung hier darum, aufzuzeigen, wie eine natürliche Sprache Aufgaben leisten kann, bei denen eine Kunstsprache der Logistik versagt, und nicht darum, durch eine der Sprachwirklichkeit widersprechende Systematisierung der Grammatik sie für eine Denkschulung besonders geeignet zu machen.

1.3 Zum Begriff „System"

Das Wort System sollte man den logistischen Kunstsprachen vorbehalten und nicht für die Gesamtheit einer natürlichen Sprache verwenden. Hier sollte man nur von Teilsystemen sprechen (Kasussystem, Tempussystem usw.) und mit ANTON SCHERER die Sprache ein Symbolgefüge oder ein „Gefüge von

---

5 Vgl. AUXILIA 17 (1988), 94f.

vielfältig ineinander verschlungenen Strukturen" nennen.[6] Manche sprechen auch von einem offenen System; denn offen muß es jedenfalls sein, um allen irgendwie möglichen, teils völlig neuen Sachverhalten gewachsen zu sein.

1.4 Zum Begriff „Opposition"

Der Begriff der Opposition ist in der strukturalen Sprachwissenschaft eng mit dem des Systems verbunden. Er ist für die Strukturierung des Wortschatzes, aber auch in der Grammatik oft hilfreich. Aber die weitgehende Anwendung von Dichotomien exklusiv-alternativer Art („entweder/oder" – tertium non datur) ist zwar für eine systematisierende Schulgrammatik verlockend, aber für eine formale Bildung doch bedenklich. Ein Beispiel: Tun/Leiden leistet für die Wirklichkeitserfassung weniger als Handlung/Vorgang/Zustand. Denn gerade die Jugend ist empfänglich für die Schwarzweißmalerei solcher Alternativen wie Freund–Feind, links–rechts im politischen Sinn, Kapitalismus–Sozialismus, bei der sowohl die vielen möglichen Schattierungen zwischen diesen Polen wie auch auf anderen Grundlagen beruhende Begriffe außer acht bleiben. Das wußte schon Schiller (Wallensteins Tod II 2).

1.5 Zur Hinübersetzung

Die Hinübersetzung als aktives Sprachgestalten stand lange im Vordergrund, wenn von der formalbildenden Kraft des Lateinunterrichts gesprochen wurde. Hier lief eine langfristige Entwicklung ab, in Norddeutschland entschiedener als in Süddeutschland. In Preußen wurde 1890 der lateinische Aufsatz abgeschafft; 1901, als die Lektüre als Hauptziel des Unterrichts

---

6 Scherer, A.: Handbuch der lateinischen Syntax. – Heidelberg 1975, 19.

18

erklärt wurde, aber doch die Hinübersetzung (in der Reifeprüfung bis 1925) erhalten blieb, begann in zahllosen Schriften ein heftiger Kampf gegen dieses Mittel sprachlicher Schulung, der erst 1938 mit der allgemeinen Verbannung der Hinübersetzung aus dem gesamten Unterricht endete, in den Augen vieler eine längst überfällige Entscheidung. Nach 1945 erfolgte eine Reaktion auf die als politisch angesehene Verfügung von 1938, doch hat sich der langfristige Trend unter dem Druck der rauhen Schulwirklichkeit (dabei auch der mangelhaften sprachlichen Sicherheit der Lehrer) bald wieder eingestellt. Ein unter günstigen Umständen mit geeigneten Büchern, Lehrern und Schülern geglückter Hinübersetzungsbetrieb war ein hervorragendes Mittel der formalen Bildung, aber die Wirklichkeit war leider zu oft eine quälende und fruchtlose Plage für Lehrer und Schüler, denen unter dem Schlagwort einer fragwürdigen Auslese der Weg zur Universität versperrt wurde. Dieser Beitrag will nicht das Rad zurückdrehen, aber auch nicht die Not zur Tugend machen.

1.6 Zur Sprachreflexion

Sprachreflexion ist ein didaktisches Modewort der Zeit, mit dem sich auch das angezweifelte Sprechen von formaler Bildung vermeiden läßt. Dem Wortsinn nach heißt das nicht so sehr, durch Anwendung von eingelernten Termini, Schemata und Regeln zu einem vom Lehrer angestrebten eindeutigen Ergebnis zu kommen, sondern vielmehr aus der Distanz diesen grammatischen Apparat „in Frage zu stellen". Reflexion braucht kein „problemlösendes Denken" zu sein; halbgelöste Probleme bleiben oft stärker in Erinnerung als gelöste. Sprachreflexion setzt voraus, daß sich der Schüler über „Das Wunder der Sprache" (Buchtitel von WALTER PORZIG) wundern kann und sich nicht durch die Grammatik gelangweilt fühlt. Dieses Verwundern kann nur im Unterricht entstehen, wenn sich der

Lehrer diese Fähigkeit, die eher Kindern vor der Pubertät gegeben ist, bewahrt hat. Schüler, denen man das Nachdenken über Grammatik noch nicht abgewöhnt hat, sollten sich doch wundern, daß *dormit* Aktiv (Tatform) sein soll.

2. Beispiele aus der Verbalflexion

2.1 Vorbemerkung

In manchen aufgelösten Begleitgrammatiken ist an Systematik nicht mehr viel übriggeblieben außer den Tabellen der Verbformen, die ein zusammenfassendes Bild dessen geben, was bei der Verbalflexion durch Distinguieren, Kategorisieren, Subsumieren und Generalisieren geleistet werden muß. Diese Tabellen haben erst in der zweiten Hälfte des 18. Jahrhunderts ihre heute weitgehend kanonisierte Form gefunden. Der Hauptgrund liegt darin, daß in der antiken Grammatik Form und Funktion nicht deutlich geschieden werden.[7] So sind die Redeteile, die partes orationis, primär die Wortarten, die freilich gleichzeitig hinsichtlich ihrer Funktion im Satz betrachtet werden. Die klare Trennung von Wortart und Satzglied setzt erst in der Mitte des 18. Jahrhunderts in Frankreich ein. Die Verbalformenkategorien sind bei Donat gleichzeitig durch Form und semantische Funktion bestimmt, was zu homonymen Kategorien führt. So ist *amarem* für Donat *praesens et praeteritum imperfectum similiter optativi et praeteritum imperfectum coniunctivi*.

Unsere Tabelle gleicht einer Kommode, in der die Formen säuberlich in Schubkästen verteilt sind und jede Form ihren bestimmten Platz hat. Das ist nur möglich, wenn die Form

---

7 Ich verwende hier das in der Umgangssprache der Wissenschaft geläufige Begriffspaar Form/Funktion, das in seinem zweiten Teil vieldeutig ist. Das bemerkt mit Recht HAPP, H.: Zur Erneuerung der lateinischen Schulgrammatiken. – Frankfurt am Main 1977, 70.

grundsätzlich den Vorrang vor der Funktion hat. Nun lernen wir heute aus guten Gründen zugleich mit den Formen wenigstens einen Teil ihrer Funktionen. Aber wir müssen vorsichtig sein, wenn wir aus der Tabelle die Funktionen ablesen wollen, und müssen dem Schüler den Sachverhalt erklären. Denn er muß es sonst als absurd empfinden, wenn *Utinam semper feriae essent!* ein Imperfekt oder gar eine ‚Möglichkeitsform der 1. Vergangenheit' sein soll. Der Wunsch ist für ihn ein Präsens wie bei Donat, wenn nicht ein Futur.

Manches im folgenden ist angeregt durch das Buch von HERMANN FRÄNKEL „Grammatik und Sprachwirklichkeit", das infolge seines unnötigen Umfangs und hohen Preises den Lateinlehrern kaum bekannt geworden ist, aber wenigstens von den Schulbuchverfassern zur Kenntnis genommen werden sollte.[8] Anderes bezieht sich auf das „Baukastenprinzip" des Lateinischen, von dem manche sprechen.

2.2 Der Indikativ

Der Indikativ steht in den Tabellen vor Konjunktiv und Imperativ. Die Frage nach dem Warum ist nicht banal. Und wenn wie bei LEITSCHUH der Indikativ als Kolumnentitel über sämtlichen Indikativformen steht und dann, wie üblich, im Syntaxteil eine allen diesen Formen gemeinsame Funktionsbeschreibung versucht wird, so verlangt das vom Schüler eine erhebliche Abstraktionsleistung. Denn der Bezug zu den angesprochenen Sachverhalten ist doch etwa beim Indikativ des Perfekts ein ganz anderer als beim Indikativ des Futurs. Die Formulierungen in unseren Grammatiken wie „Tatsachenbehauptung" oder „als wirklich hingestellt" o. ä. sind teilweise fragwürdig, vor allem beim sogenannten Realis der Bedingungssätze, wo es

---

8 FRÄNKEL, H.: Grammatik und Sprachwirklichkeit. – München 1974. Vgl. die Besprechung durch FEHLING, D. in: Gnomon 49 (1977), 433–440.

sich deutlich um die Annahme einer Möglichkeit handelt.[9] Dasselbe gilt für das Futur insgesamt; man muß bei allen Zukunftsaussagen, von der Wettervorhersage bis zur Wahlprognose, skeptisch sein. Bei einer Morphemanalyse (für die das Latein als flektierende Sprache nicht so geeignet ist, wie manche glauben, die sein Baukastenprinzip loben) zeigt sich etwa bei *mone-t, audi-t* gegenüber *mone-a-t, audi-a-t* kein Zeichen für eine besondere Spezifikation nach Tempus und Modus; man kann auch sagen, die Indikativformen sind hier gegenüber den Konjunktivformen unmarkiert. Wer vor dem Radikalismus FRÄNKELS, der den Indikativ als eine modusneutrale Form bezeichnet, zurückschreckt, möge beachten, daß nach seinem Sprachgebrauch eine derartige Viel- oder Mehrzweckform für sich als Kategorie nichts Bestimmtes bezeichnet, jedoch jederzeit sowohl etwas Unbestimmtes wie etwas Bestimmtes bedeuten kann, also hier vorwiegend, aber nicht ausschließlich die Tatsächlichkeit. Auf jeden Fall sollten die ‚Wirklichkeitsform‘ und die noch bedenklichere ‚Möglichkeitsform‘ sowie die gequälten Erklärungen zu *paene cecidi* aus der Schule verschwinden.

2.3   Das Präsens

Für das Präsens (nach FRÄNKEL ‚sogenannt‘) gilt Ähnliches. Es hat *(mone-t/mone-bi-t/mone-ba-t, audi-t/audi-e-t/audi-eba-t)* wie kein Modus-, so auch kein Tempuszeichen. Die Unterscheidung zwischen zeitlich unbestimmter Aussage *(variatio delectat)* und einem Tempus der Gegenwart ergibt sich aus der Situation. Das historische Präsens kann der ‚lebendigen Vergegenwärtigung‘ eines Vorgangs dienen, aber bei dem trockenen und unpathetischen Cäsar, der es häufig verwendet, kann davon nicht die Rede sein.

---

9 PFISTER, R. in: Lehrerheft zu INSTRUMENTUM III (1986), 80. SCHERER, A., a.O. [Anm. 6] 75 f.

2.4 Das Aktiv

Auch beim Aktiv setzt FRÄNKEL ein ‚sogenannt' hinzu und möchte den Terminus sogar durch ‚Rektiv' ersetzen. Hier wird ihm kein Praktiker folgen wollen; denn die Etiketten auf den Schubfächern unserer Formenkommode können wegen der Polysemie vieler Formen – sie ist nicht ein Mangel, sondern eine nützliche Ökonomie der Sprache – nur mehr oder weniger willkürliche, auch durch Ziffern ersetzbare Namen sein und nicht das Wesen der Sache, d. h. die Funktionen treffen wollen. Denn das wäre oft mehr schädlich als nützlich, so bei der ‚Möglichkeitsform' und hier bei einer ‚Tatform', bei der der gewitzte Schüler vielleicht eher als der Lehrer daraufkommt, daß das oft genug nicht stimmt. Die oft zitierte Grabinschrift *iacet, tacet, placet* soll trotz der drei Aktivformen zum Ausdruck bringen, daß hier jede Tätigkeit fehlt. Der Schüler, der sich in der Geometrie darauf verlassen kann, daß ein Dreieck immer und nicht nur vorwiegend drei Ecken hat, wird seine Grammatik nicht ernst nehmen, wenn man sie ihm zu sehr wie eine doch nur recht holperig funktionierende Mathematik vorstellt.
Die Lateingrammatik unterschied bis gegen 1800 nach Donat von den *verba activa* die *verba neutra (Verbum est pars orationis cum tempore et persona sine casu agere aliquid aut pati aut neutrum significans)*. Also eine Dreiteilung, die man funktional nennen kann, während die formale Tabelle nur eine Zweiteilung hat. Dabei ist nur das Passiv spezifiziert (‚markiert'), worauf schon Priscian hingewiesen hat: *mone-t* wie *place-t,* aber nur *mone-t-ur.* Die *verba activa* und *neutra* werden von der ökonomisch vorgehenden Sprache nicht formal geschieden, die Scheidung ergibt sich durch die Bedeutung des Wortstammes (genauer: des Lexems). Die Endung -*t* bezeichnet nicht eine Tätigkeit, kann aber sehr oft eine Tätigkeit bedeuten. Folgerung für den Unterricht: Wenn der Schüler während der Behandlung eines Textes gefragt wird: „Was für eine Form ist *placet?"* und antwortet: „3. Pers. Sing. Präs.", dann hat er das

gesagt, worauf es ankommt, und man sollte ihn nicht pedantisch zwingen, alle fünf Punkte der Formbestimmung aufzusagen. Der Indikativ muß (anders als der Konjunktiv) als das Normale nicht eigens genannt werden; eine gute alte Schulregel sagt: „Der Indicativus steht, wenn keine Ursache da ist, daß der Coniunctivus stehe." Und das Aktiv stimmt bei *placet* der Bedeutung nach ohnehin nicht. Zur formalen Bildung: Die Opposition Aktiv: Passiv ist nicht spezifiziert vs. spezifiziert, sondern nicht-spezifiziert vs. spezifiziert.[10] Jenes wäre Raucher vs. Schnupfer, dieses Nichtraucher (ohne Unterschied zwischen Schnupfern, Spritzern und Asketen) vs. Raucher.

3. Das Attribut

3.1 Das attributive Adjektiv

Das attributive Adjektiv hat im Latein (wie das prädikative) mit seinem Substantiv kongruierende Endungen, während es im Englischen endungslos ist. Daraus könnte sich eine sprachvergleichende Reflexion ergeben (die freilich einer Kritik und Ergänzung durch computerkundige Kollegen mit Spannung entgegensieht): Welche Sprache hat hier einen Vorzug? Ein Schüler könnte sagen: „Natürlich das Englische; da brauchen wir nicht so viele Endungen zu lernen." Es kann auch tatsächlich einen Pluspunkt für eine Sprache bedeuten, wenn sie mit ihren Mitteln ökonomisch umgeht. Ein Lateinfreund könnte dagegen sagen: „Das Latein ist besser, da sieht man gleich, zu welchem Substantiv ein Adjektiv gehört." Nun kann freilich im Englischen darüber kaum ein Zweifel aufkommen, während im Latein die Sache nicht ganz so eindeutig ist. Als es in den 30er Jahren darum ging, festzustellen, welcher Grammatikstoff durch den Wegfall der Hinübersetzung entbehrlich wird, wurde an einem Münchener Gymnasium der Cäsartext darauf-

---

10 vs. bei Strukturalisten geläufige Abkürzung für versus ‚in Opposition stehend zu'.

hin untersucht, wieweit die Genusregeln für die Substantive zur richtigen Zuordnung der Adjektive notwendig sind. Das war nur ganz selten der Fall. Die Adjektivendungen sind also weitgehend redundant. Redundanz wird bei einer weiträumigen technisierten Nachrichtenübermittlung möglichst vermieden, da sie Zeit und Geld kostet. Anders ist es in der römischen Volksversammlung und in Schriften, die in Ruhe gelesen werden sollen. Da schwelgt der junge Cicero mit Synonymenhäufungen geradezu in Redundanzen, die ja auch das Verstehen sichern können. Zu beachten ist, daß das Englische wie auch die anderen europäischen Sprachen durch eine weitgehend festgelegte Wortstellung die Zuordnung sichert, während das Latein durch die Kongruenz vor allem dem Dichter weitgehende Möglichkeiten zur Variierung des Gedankenablaufs bietet und auch eine Trennung des Attributs von seinem Bezugswort erlaubt.

3.2 Semantische Funktionen

Die verschiedenen semantischen Funktionen des Attributs werden im Latein selten durch formale Mittel gekennzeichnet und treten in der Grammatik beim Adjektiv (anders als etwa beim Genitiv) kaum in Erscheinung. Auf die dependenzgrammatische Einreihung der Attribute unter die (freien) Angaben möchte ich hier nicht eingehen; denn die für die Forschung erforderliche Scheidung zwischen ‚grammatisch (syntaktisch) notwendig' bzw. ‚weglaßbar' und ‚semantisch notwendig' (‚sinnotwendig') scheint mir in der Schule nur Verwirrung zu stiften. Wenn ich im Gemüseladen „ein Kilo rote Rüben" verlange, so ist nicht nur in den Augen der Schüler jedes Wort gleich notwendig. Doch sei hingewiesen auf die Scheidung in additive und konstitutive Attribute, die man in INTERPRETATIO findet.[11] Die Terminologie ist wenig geläufig und nicht einheit-

---

11 GLÜCKLICH, H.-J./NICKEL, R./PETERSEN, P.: INTERPRETATIO. Neue Lateinische Textgrammatik. – Würzburg 1980, 9.

lich; andere Termini sind ,qualifizierend' gegenüber ,spezifi-
zierend' oder ,determinierend'. Das qualifizierende Attribut
betrifft sein Substantiv in seinem ganzen Umfang wie in *leo
ferarum generosissimus, parva formica, vulpes astuta;* dagegen
konstituiert das spezifizierende Attribut eine Teilmenge durch
Hinzufügung eines Merkmals wie in *ius civile, res publica,
populus Romanus* und kann deshalb als ,notwendig' bezeichnet
werden. Beide Arten nebeneinander haben wir etwa in den
Beispielen älterer Stilistiken: *atrox bellum civile* oder *multi viri
fortes* gegenüber *multa et praeclara facinora,* wo erklärt wird,
daß das eine Adjektiv mit dem Substantiv e i n e n Begriff bildet.
Spezifizierend ist auch *Nobilis equus umbra quoque virgae
regitur, ignavus ne calcari quidem concitari potest* (Curtius
7,4,18): ein Pferd, das edel ist . . . gegenüber *Parva sit exemplo
magni formica laboris* (nach Hor. Sat. 1,1,33) die kleine,
arbeitsame Ameise . . . Umfangreiche Übungen zur durchge-
henden Scheidung in fortlaufenden Texten sind kaum praktikabel, zumal ein Testverfahren für eine strikte Scheidung fehlt.

3.3 Relativsätze

Die Relativsätze können hier angeschlossen werden; sie werden, was freilich nicht immer glatt aufgeht, unter die Über-
schrift Attributsätze gestellt. Die alte, auf S. A. H. HERLING
(1828) zurückgehende Bezeichnung Adjektivsätze hat sich im
KÜHNER-STEGMANN erhalten. ROLF HEINE hat bei der relativen
Verschränkung die aus dem Englischunterricht bekannte
Scheidung in ,notwendige' und ,entbehrliche' Relativsätze wieder aufgenommen, die es schon 1830 als Korrelativsätze und
Relativsätze gegeben hatte.[12] Notwendig (spezifizierend, deter-
minierend) ist *Hostes, qui fugiunt, non sunt timendi.* Entbehrlich (qualifizierend) ist *Thebae, quod Boeotiae caput est.*

---

12 RUBENBAUER, H./HOFMANN, J. B.: Lateinische Grammatik, neubearb. von HEINE, R. –
Bamberg–München 1975, 291 ff.

26

4.   Kein Grammatizismus!

4.1   Gegen das Übermaß von Theorie

Ein Übermaß bei der Grammatiktheorie wäre eine falsche Konsequenz aus diesem Plädoyer für formale Bildung. Keineswegs sollte wegen des Erlernens der Grammatik keine Zeit mehr bleiben für das Erlernen der Sprache und die laufende Übung, auch durch Sprechübungen einfachster Art, damit nicht die Schüler nach vier Jahren weniger können als nach zwei. Nach siebzigjähriger Beschäftigung mit dem Latein muß ich feststellen, daß im stark zusammengedrängten Elementarunterricht die theoretischen Anforderungen an Lehrer und Schüler in der Grammatik trotz der ‚Durchforstung' und des weitgehenden Wegfalls der Hinübersetzung gestiegen sind.

4.2   Zum Exempel: Adverbiale

Das Adverbiale kann ein Beispiel dafür sein. „Die adverbielle Bestimmung gehört zu den gewaltigsten Abstraktionen in der ‚Elementargrammatik' – ist eine abenteuerliche geistige Zusammenfassung von konkret vollkommen Verschiedenem". So schreibt H. v. HENTIG etwas überspitzt, aber nicht zu Unrecht.[13] Ich habe weder als Schüler in meinem Lateinunterricht noch als Student etwas davon gehört, weil das Adverbiale und der Adverbialsatz weder in der Schulgrammatik von LANDGRAF (vor der Systematisierung durch LEITSCHUH) noch in der Syntax des Handbuches von SCHMALZ-HOFMANN vorkam. Erst als Lehrer habe ich mich damit befaßt. An der Universität mußte ich bei Stichproben feststellen, daß ein großer Teil der Lateinstudierenden so wie ich damals ohne genaue Vorstellung von einem Satzglied Adverbiale durchs Studium ging. Es kam offenbar im Lektüreunterricht nie wieder vor. Eine korrekte

---

13 HENTIG, H. v.: Platonisches Lehren I. – Stuttgart 1966, 283.

Erklärung des Satzgliedes als (syntaktisch, aber nicht immer auch semantisch) ‚weglaßbare' freie Angabe und die Unterscheidung von den valenzerforderten Umstandsergänzungen und Präpositionalobjekten konnte auch grammatisch interessierten Studenten nur mühsam nahegebracht werden. Das Adverbiale ist oft durchaus sinnotwendig und steht bei Szenenwechsel bei Cäsar an erster Stelle, wo auch die Sinnerschließung zu beginnen hat, während es in einem zweidimensionalen Satzmodell in die Mitte gerät. Für eine formale Bildung taugt noch immer das mittelalterliche Frageschema *quis, quid, ubi, quibus auxiliis, cur, quomodo, quando.*

4.3 Satzmodelle

Satzmodelle habe ich in einzelnen Fällen als durchaus hilfreich empfunden, z. B. beim Prädikativum.[14] Im Elementarunterricht habe ich keine Erfahrung damit, und ich möchte sie im Rahmen des mir gestellten Themas nicht behandeln, da ich nicht sehen kann, wie mit ihnen im Sinne einer formalen Bildung über die Klärung lateinischer Satzkonstruktionen hinaus bleibende und auf andere Gebiete übertragbare Wirkungen erzeugt werden können. Sie erinnern etwas an die Konstruktionsordnung vergangener Jahrhunderte, zu der man, wie G. H. URSINUS (1701) sagt, in Fällen der Dunkelheit wie zu einem Ariadnefaden Zuflucht nehmen kann, während beim Übersetzen soweit wie möglich der Wortstellung des Autors gefolgt werden sollte, in der *„non parum saepe momenti vel ad connexionem, vel ad sententiam est."*[15] Die ausschließliche Fixierung auf die Satzgliedfunktionen neutralisiert die funktionale Satzperspektive im Sinn der Prager Schule, die gerade im Latein wegen der freien Wortstellung ein reiches Feld der

---

14 Vgl. FLURL, W. in: Lehrerheft zu INSTRUMENTUM II (1983), 70.
15 Weiteres in AUXILIA 17, 147 ff., 153.

Beobachtung böte. Ein Beispiel: In Fällen wie *in vino veritas, inter arma silent Musae, post equitem sedet atra cura* wird etwas vom Wein, vom Krieg und vom Reiter ausgesagt, was der Schüler ohne jegliche Satzgliedbestimmung an der Stellung erkennt. Sie sind in der Linguistik Thema (auch topic genannt). Die Vorausstellung des Themas (das nicht zugleich Subjekt sein muß) nennt man Topikalisierung. Davon als Schüler gehört zu haben, kann bei allen Schreibarbeiten nützlich sein.

4.4 ‚Schubkastenprinzip' und Randschärfe

Angehende Jurastudenten sind oft deprimiert, weil sie erwartet hatten, die Rechtswissenschaft könne die Fülle der im Zusammenleben der Menschen möglichen Rechtsfälle sicher jeweils einer randscharf definierten Klasse im Rechtssystem, gewissermaßen einem bestimmten ‚Schubkasten', zuweisen, wobei es Auffassungsverschiedenheiten zwischen verschiedenen Instanzen nicht geben dürfte. Ein gutgemeinter, aber nicht sachgerechter Grammatikunterricht könnte zu dieser Fehlerwartung beitragen, wenn er einer formalen Bildung zu dienen glaubt, indem er nicht nur die deutlich abgegrenzten Formklassen, sondern auch semantisch (funktional) begründete Subklassen mit scharfen Grenzlinien versieht. Es handelt sich dabei etwa um die Untergruppen des Genitivs oder Ablativs oder um die „verschiedenen *cum*". Der Schulunterricht wird entgegen den Forderungen strikter Strukturalisten auf solche Unterteilungen nicht verzichten, sollte aber, wenn auch nicht gleich bei jungen Anfängern, darauf hinweisen, daß solche Subklassen zwar ‚kernprägnant' sind, d. h. in einem breiten idealtypischen Kernbereich durchaus zu recht aufgestellt und benannt werden, aber nicht ‚randscharf' sind und recht breite Übergangszonen aufweisen können.

Karl Bayer

Ungeliebte Lateingrammatik?

Lernprobleme der Schüler – Anregungen für Lehrer

*Non, quid fiat aut detur, refert, sed qua
mente.* (Seneca)

Wenn man länger von den Problemen weg ist als man Gelegenheit hatte, sich mit ihnen in der Praxis auseinanderzusetzen, sinkt die Wahrscheinlichkeit, daß man überzeugend wirkt. Dies ist dem Schreiber dieser Zeilen ebenso bewußt wie die Tatsache, daß das Ziel aller Rhetorik im *fidem facere* besteht. Vielleicht kann man ihm aber zugute halten, daß er sich auch nach der schmerzlichen Trennung vom Klassenzimmer unentwegt mit lateinischer Grammatik beschäftigt hat und sich dabei immer wieder fragen mußte: Wie kann man dieses oder jenes einem ‚heutigen Schüler' vermitteln?

Hätte man Gelegenheit, Schüler dazu aufzufordern, eine Anzahl von Gegenständen ihrer Erfahrungswelt in eine wertende Reihenfolge zu bringen, so stünde wohl außer Frage, daß die Grammatik – nicht nur die lateinische, sie aber besonders – ganz unten auf dem Treppchen zu finden wäre, woran, wie bei allen demoskopischen Resultaten, die Minorität der Grammatikfans nichts ändern könnte.

Möglicherweise ist eine empirische Untersuchung solcher Art noch nie angestellt worden; es wird aber nur wenige Optimisten geben, die sich ein anderes Ergebnis erwarten. Und doch ist das letztlich paradox, gibt es doch kaum ein Wissensgebiet, auf dem man ohne großes Instrumentarium so viel entdecken kann wie in einer Sprache. Während Kinder sonst gerne wissen möchten, was hinter einem Ding steckt („Wie funktioniert denn das?"), erregt die Grammatik, die doch Antworten auf solche Fragen geben kann, kaum Neugierde und Entdeckerlust. Warum eigentlich?

1. Schwierigkeiten beim Grammatiklernen

Sicher hängt das mit den Schwierigkeiten zusammen, die viele Kinder beim Erlernen einer Fremdsprache haben. Wenn es dann gar noch eine ‚tote' Sprache ist, mit der man ohnehin ‚nichts anfangen kann', kommt man rasch an den von Phaedrus in der Fabel von der Lyra beschriebenen Punkt, schon gleich bei Kindern unserer Tage, die es nicht gewohnt sind, sich lange bei Schwierigkeiten aufzuhalten.

1.1 Erste Begegnung mit Latein

Fragen wir uns also, wie dem Anfänger die lateinische Sprache zuerst begegnet! Da waren also Eltern, die es für gut und sinnvoll hielten oder sich davon überzeugen ließen, daß man ein sicheres Fundament legt, wenn man mit Latein beginnt oder Latein wenigstens als zweite Fremdsprache ‚mitnimmt'. Da ist dann auch ein Direktor, der bestrebt sein wird, den Anfangsunterricht einem besonders erfahrenen Lehrer anzuvertrauen, und – so hoffen wir – ein einsichtiger Stundenplanmacher, der die Unterrichtsstunden einigermaßen günstig anzusetzen versteht, alles bereits Maßnahmen, die auch zu Reibereien führen können, weil die Bevorzugung des einen Faches leicht als Benachteiligung eines andern erscheinen kann, wenn man sich im Kollegium nicht hinreichend einig ist.
Nun fängt also alles optimal an, und es geht auch eine Weile recht gut; aber unweigerlich stellen sich beim einen und andern erste Mißerfolge ein, weil die Gegenstände bei aller Behutsamkeit des Vermittelns allmählich schwieriger werden, nicht dadurch, daß sie für sich genommen schwierig wären, sondern durch ihre Summation. Man kann da nicht sagen: Diese Kapitel liegen hinter uns, sie sind abgeprüft, laßt sie uns vergessen! Nein, sie müssen stets präsent bleiben, mit gewissen Abstri-

chen sicherlich, prinzipiell aber doch. In manchem anderen Fach wird der Lehrer das bei theoretischer Betrachtung ebenso sehen, in der Praxis aber doch vorankommen, auch wenn sich seine Erwartung als illusorisch erwiesen hat. In einer Fremdsprache jedoch geht das schlechterdings nicht, und so eben auch und schon gleich in Latein.

1.2 Leistungsbewertungen

Ein weiteres Hemmnis erwächst aus den Leistungsbewertungen. Jedermann weiß, daß Lernen ohne begleitende Kontrollen nicht funktioniert. Die Theorie, Lernen werde erst schön, wenn kein ‚Leistungsdruck' dahintersteht, hat sich gerade in den letzten Jahren als unrealistisch erwiesen. Dennoch wird es gestattet sein, sich Gedanken darüber zu machen, ob alles so in Ordnung und auch zweckmäßig ist, wie man es handhabt. Die meisten Eltern sind wohl bereit, die Kontrolle der Leistungen zu akzeptieren, ja zu fordern, und dabei das Auf und Ab von Erfolg und Enttäuschung wegzustecken. Doch wird die Schmerzgrenze dann erreicht, wenn permanenter Mißerfolg zum Verlust eines Schuljahres zu führen droht oder gar zum Wechsel der Schullaufbahn zwingt. Sicher kann dabei ein gewisses Statusdenken mitspielen, das als solches noch nicht verwerflich zu sein braucht. Überwiegen werden aber die innerfamiliären Sorgen. Was Wunder, daß Eltern um ihr Kind kämpfen: *Amica lingua Latina, magis amici liberi!*
Es ist bekannt, daß Prüfungssituationen belastend wirken. Selbst der Intelligenteste und Bestvorbereitete ist selten frei von Nervosität; es gilt ja auch, einen innerschulischen Status zu halten, der mit dem Selbstwertgefühl eng verknüpft ist. Wieviel gefährdeter ist da derjenige, der sich schwertut, auch wenn er noch so fleißig ist. JOSEF DUSCHL[1] hat auf solch paroxysmale

---

1 In: Anregung 12 (1966), 21.

Sitationen aufmerksam gemacht, in denen nackte Angst, ja Panik alles Denken blockiert. Vielleicht haben manche Leistungskontrollen zu sehr den Charakter einer staatlichen Exekution. Man könnte und sollte darüber nachdenken, ob und wie man auch Lob und Belohnung zum Zuge kommen lassen kann, womit man einem menschlichen Grundbedürfnis entspräche und die Motivation insgesamt verstärkte. Ein solcher Weg der Humanisierung erschiene mir empfehlenswerter als das Hinwegräumen möglichst vieler Schwierigkeiten oder gar das Manipulieren der Maßstäbe.

1.3 Notwendige Untersuchungen

Dennoch hat auch die Frage nach der Notwendigkeit schwieriger Gegenstände ihre gute Berechtigung. Man wird zwar anerkennen müssen, daß auf diesem Gebiet schon vieles geschehen ist, doch sind Zweifel erlaubt, ob solche Erleichterungen stets im Blick auf das Ganze vorgenommen wurden. Das soll nicht als Vorwurf verstanden werden, ist es doch ganz natürlich, daß die einzelnen Aspekte nur nach und nach aktuell werden, erst einmal publik gemacht und als praktikabel akzeptiert sein müssen, ehe man zur Tat schreiten kann. Solche Schritte waren z. B. die Reduktion des Wortschatzes auf einen lektürerelevanten Kern (was mit Einschränkungen gelungen sein dürfte), die Durchforstung der Syntax nach statistischer Häufigkeit der verschiedenen Phänomene (wo wohl noch einiges zu erreichen wäre), die Umstellung des Gesamtlernziels auf das Übersetzen aus dem Lateinischen (wo noch vieles nicht geleistet ist, aber auch die Frage noch nicht abgetan erscheint, ob hier der rechte Boden für radikale Einseitigkeit ist).

Was aber fehlt, ist eine Zusammenschau der verschiedenen Möglichkeiten und das rechte Gegeneinander-Abwägen. Voraussetzung dafür wäre eine systematische Fehlerforschung. Am Material fehlte es gewiß nicht, wenn man bedenkt, wie viele Tonnen korrigierter Schul-, Klassen- und Abituraufgaben jährlich anfallen, wieviel Lehrerscharfsinn in diese Korrekturen investiert ist – und welche Möglichkeiten die modernen Datenverarbeitungsmaschinen eröffnet haben. Das macht gewiß viel Arbeit, aber erst auf genügend breiter empirischer Grundlage und nach sachgerechter, jeden Zweifel ausschließender Auswertung des Materials kann man zu Einsichten kommen, die Bestand haben. Auf diese Weise sollte sich klären lassen, was für den jeweiligen Zweck wirklich nötig ist, was allenfalls wünschenswert, was entbehrlich, und was intensiver Übung bedarf (vgl. den nachfolgenden Aufsatz von RUDOLF HOTZ).

Es gibt sicher noch manchen weiteren Gesichtspunkt, der hier nicht genannt oder auch übersehen wurde. Insgesamt aber kann man sagen, daß es Rahmenbedingungen gibt, die sich kaum verändern lassen: die summative, zudem auch akzelerierende Komponente des Spracherwerbs, die Akzeptanz durch die Eltern, eingebettet in die prekäre Bereitschaft der Gesellschaft, Latein als wichtigen Posten im Fächerkanon gelten zu lassen. Und es gibt variable Faktoren, wozu man die rechte Begrenzung der Lernmasse, die Gestaltung der Leistungskontrollen und nicht zuletzt die Definition der angestrebten Zielleistung rechnen darf. Auf all das hat der Lehrer, an dem doch letztlich alles hängt, nur wenig Einfluß, vom Schüler, um dessentwillen alles veranstaltet wird, ganz zu schweigen. Man kann den Lernenden nicht über das abstimmen lassen, was er erst lernen soll. Und doch stimmt er tagtäglich darüber ab, mit enormer Fernwirkung, unkontrollierbar und nur durch einen positiv prägenden Unterricht beeinflußbar. Darüber sollte sich jeder Lehrer in jeder Unterrichtsstunde im klaren sein.

2. Anregungen für den Unterricht

Nun lautet das mir gestellte Thema zwar „Schwierigkeiten, heutigen Schülern lateinische Grammatik zu vermitteln", doch wird der freundliche Leser kaum damit zufrieden sein, das altvertraute Klagelied zur Abwechslung wieder einmal schriftlich vorzufinden. So sollen also auf die Darstellung der schwierigen Rahmenbedingungen, mit denen der Lateinunterricht überhaupt zu kämpfen hat, einige Anregungen folgen, die den Grammatikunterricht als solchen betreffen.

2.1 Systematik im Anfangsunterricht

Es mag provokant klingen, und das soll auch so sein: Die lateinische Grammatik lernt der Schüler weit überwiegend nicht aus einer lateinischen Schulgrammatik kennen, schon gar nicht im Anfangsunterricht. Ihm liegt vielmehr ein ‚Übungsbuch' vor, das eine auf den jeweiligen Zweck abgestellte Begleitgrammatik entweder hinten eingebunden enthält oder als daneben hinlegbares Begleitbuch voraussetzt. Die ersten Eindrücke – und was das heißt, sollte man nicht unterschätzen – stammen also von daher. Ich will und darf hier nicht auf eine Wertung der genannten Möglichkeiten eingehen, deren jede sicherlich etwas für sich hat. Jedenfalls ist der Unterschied, wo man seine Informationen findet – hinten oder daneben –, nahezu unerheblich: Die Methode ähnelt der eines Waldlehrpfades, und auch der kann die systematische Botanik nicht ersetzen.
Sieht man diese Art von Grammatik mit Schüleraugen, so handelt es sich zunächst um Lernanforderungen, nicht anders als beim Wortschatz: Schemata von Deklinationen und Konjugationen, Regeln der Kongruenz, fürs erste bedächtig voranschreitend, bald aber notgedrungen Tempo zulegend, denn die

35

Zeit ist knapp. Da muß das Kind schon fix sein, wenn es bei den geringen – seien wir ehrlich: viel zu geringen – Übungsmöglichkeiten, den vielfältigen sonstigen Anforderungen der Schule und den zahllosen Ablenkungen aus dem außerschulischen Bereich im Unterrichtsfortgang mithalten will. Das steht in einem seltsamen Gegensatz zu dem allgemeinen Bestreben, es ihm immer noch bequemer zu machen. Daß es trotz allem immer noch geht, ist eines der kleinen Wunder des schulischen Alltags.

Was man unter solchen Bedingungen von der Anfangsgrammatik fordern muß, ist, daß sie nicht allein als bedrückende Lernanforderung erscheint, sondern als ein hilfreiches Informationssystem, das die Bezeichnung ‚Information' insofern verdient, als es ein System vollständig beschreibt, freilich mit der Einschränkung auf das, was am Lehrgangsende grundsätzlich präsent sein soll. Der Lehrer weiß das natürlich. Aber auch der Schüler soll erfahren, daß er gewissermaßen eine Landkarte in Händen hält, auf der die Landschaft der lateinischen Sprache eingezeichnet ist, zwar nicht jeder Bach und jeder Weiler, wohl aber die wichtigsten Orientierungspunkte, Verbindungslinien und Grenzen, ohne deren Kenntnis man nicht vorankommt, es sei denn, man verfügte über eine eminente, nicht allgemein voraussetzbare Sprachbegabung. Allerdings muß man noch hinzufügen, daß bloßes Wissen wenig bis nichts nützt, wenn man die Karte nur anschaut, das auf ihr Verzeichnete aber nicht miteinander verknüpfen kann.

2.2 Das Erlernen unregelmäßiger Verben

Nun legt sich freilich alsbald ein neuer Sperriegel in den Weg, wenn es nämlich an das Erlernen der ‚sog.' unregelmäßigen Verben geht. Fatalerweise wird das in der Regel anhand der erstmals ausgegebenen lateinischen Grammatik betrieben: Grammatik also von Anfang an das lästige Lernbuch, mit dem den meisten Schülern unangenehmsten Lernstoff überhaupt, noch dazu in einem Alter, in dem die erste Lernneugierde längst vom Staub des Alltags überdeckt ist.

Daß die Sache als solche unumgänglich ist, braucht nicht weiter betont zu werden; und sehr viele Abstriche lassen sich kaum machen, will man nicht eine unangemessene Hypothek für später aufnehmen. Der Zauberkünstler muß erst noch geboren werden, dem es gelingt, die unregelmäßigen Verben, immerhin einige hundert an der Zahl, so interessant zu machen, daß darüber der häusliche Fernseher in Vergessenheit gerät. Aber daß da gar nichts zu machen wäre, ist nicht erwiesen. Zum einen sind diese Vokabelverzeichnisse ja nicht eine Ansammlung von Kraut und Rüben, sondern von meist klar erkennbaren Gesetzmäßigkeiten durchwaltet. Zum anderen läßt sich mit Hilfe von Wortbildungsprinzipien eine beträchtliche Anzahl von Komposita als erschließbar erweisen, woraus sich durchaus ein Ansporn gewinnen läßt, ‚stures Pauken‘ – Lieblingswort der Presse! – durch Erfassen übergreifender Gesetzmäßigkeiten, durch so etwas wie ‚entdeckendes Lernen‘ abzulösen. Aber letztlich kommt man nicht darum herum, dem Schüler klarzumachen, daß er an einem entscheidenden Punkt angelangt ist: Kein Mensch geht auf eine Entdeckungsreise, ehe er den notwendigen Proviant an Bord hat. Diese Verben sind der Proviant. Da heißt es eben sich dranhalten; es wird sich lohnen oder rächen, je nachdem! Da ist auch sportlicher Ehrgeiz gefragt.

2.3 Zur Kasuslehre

Ein Terrain, das den Schüler vielleicht zum erstenmal wirklich zu interessieren beginnt, erreicht man mit dem Eintritt in die Syntax, speziell in die sog. Kasuslehre. Da leuchtet es dem Lernenden schnell ein, daß er im wesentlichen Pattern zu lernen hat, wie er sie auch aus dem Englischunterricht gewohnt ist, Redensarten also, die im Kontrast zu den Ausdrucksgewohnheiten der Muttersprache stehen. Das ist gewiß hilfreich, doch sollte man es nicht beim Lernen bewenden lassen, sondern auch über die Phänomene reflektieren.

Im Abstand von reichlich 60 Jahren von meiner ersten Begegnung mit der lateinischen Grammatik ist mir von den Unterrichtsstunden nur äußerst wenig in Erinnerung geblieben, eine Aushilfestunde jedoch so plastisch, als hätte sie erst vor kurzem stattgefunden. In ihr sprach ein offenbar auf diesen Einsatz nicht im mindesten gefaßter Lehrer, der nach damaligem System in der Unterstufe nichts zu suchen hatte, sehr spontan und auch ziemlich über die Köpfe hinweg vom Dativ als solchem. Damals ging wohl nicht nur mir ein Licht auf, daß Grammatik kein Wald ist, der, je weiter man eindringt, um so urwaldartiger wird, sondern ein wohlangelegter Park, an dem man die wildwachsende Natur zu messen hat. Ich plädiere damit beileibe nicht für eine Wiederholung einer solchen Stunde oder gar für stundenfüllende Exkurse über Grammatik schlechthin, wohl aber dafür, dem Schüler schrittweise Einblicke in die Sache zu eröffnen und ihn gewissermaßen zum Gefährten auf einer Entdeckungsreise zu nehmen, statt ihn wie einen banausischen Touristen im Eilschritt durch eine Galerie zu treiben.

Solch lobenswerten Absichten stehen allerdings gewisse Schwierigkeiten entgegen. Zum einen erscheint die Kasuslehre heute vielfach in den allgemeinen Lernprozeß integriert, so daß man ihrer eigentlich erst bei zusammenfassenden Wiederholungen habhaft wird. Und zum andern ist sie ein Kind aus der Zeit des Übersetzens aus dem Deutschen ins Lateinische. Da mußte man solche ‚Phrasen‘ gegenwärtig haben, um die (auch in der Abiturprüfung) geforderte Übersetzungsleistung erbringen zu können. Mit der Umstellung auf das Übersetzen aus dem Lateinischen ins Deutsche sind diese Sprachmuster zwar nicht pauschal überflüssig geworden, doch erscheinen sie in anderer Beleuchtung: Nicht wenige von ihnen lassen sich aus übergreifenden Regeln heraus verstehen, man denke nur an den Ablativ mit seinen drei Hauptgruppen Instrumentalis/Sociativus, Separativus, Locativus.

2.4 Syntaktische und semantische Funktionen

Aber gerade hieraus ergibt sich ein neues Problem, das in schwer auflösbare Widersprüche führt: die Unterscheidung von syntaktischer und semantischer Funktion. Nimmt man nämlich die Funktionalisierung der Grammatik ernst, so kann man nur von fünf Grundpositionen im Satz ausgehen: Subjekt, Prädikat, Objekt, Adverbiale, Attribut, wobei nicht verschwiegen werden soll, daß um den Status des Praedicativums (oft noch ‚prädikatives Zustandsattribut' genannt) veritable Glaubenskriege entbrannt sind.

Anlaß zu solchen Auseinandersetzungen gibt es wahrscheinlich im gesamten Prädikatsbereich. So kann man z. B. fragen, ob die Bezeichnung ‚Prädikatsnomen' unbedenklich ist. Wird da nicht ein *Satzglied* auf eine *Wortart*gruppe festgelegt? Könnte man es nicht (in Entsprechung zum Praedicativum) z. B. ‚Copulativum' nennen, sofern es (meist) mit der Copula zusammen das Prädikat bildet?

Was sagt man zu Fällen, in denen das Prädikatsnomen auf den ersten Blick wie ein Adverbiale aussieht? So findet man z. B. im Livius-Kommentar von WEISSENBORN-MÜLLER (zu 4,48,8) folgende Notiz: „*pro fortuna* ist hier Prädikat". Der betreffende Satz lautet in oratio obliqua:

Pro fortuna illis animos esse,

entsprechend in oratio recta:

Pro fortuna illis (sc. *tribunis plebis*) *animi sunt.*

Der jüngere App. Claudius will die Volkstribunen damit als opportunistische Wendehälse denunzieren. Für unseren Zweck ergibt sich daraus, daß die Kommentatoren, die doch etwas von ihrem Geschäft verstanden, *pro fortuna* als Bestandteil des Prädikats, d. h. doch wohl als ‚Prädikatsnomen' auffaßten. Auf dem Niveau des Anfängers stellt sich dieses Problem bei Sätzen wie:

Cornelia hic est.

Ist *hic* hier ein Adverbiale? Das würde – aus Schülersicht – zunächst voraussetzen, daß *est* als ‚verbum substantivum' soviel bedeutet wie ‚sie existiert' (vgl. *Deus est*), was wenig Glauben verdient, da Cornelia nicht nur ‚hier' existiert, sondern auch sonst im Übungsbuch. Ein Adverb als Prädikatnomen also, wenn *hic est* soviel bedeutet wie *adest*? Und wo ist die Abgrenzung zu einem Fall wie „*Cornelia in theatro est*"? Wie steht es mit *bene est* u. ä.? *Propter multum EST EST* möchte man sagen ...

Das Gute an solchen Problemen ist, daß man sie diskutieren kann – und warum eigentlich nicht auch mit Schülern? Festgefügtes erregt allemal nicht die gleiche Aufmerksamkeit wie im Fluß Befindliches. Die Grenze liegt naturgemäß dort, wo Verunsicherung zur Regel würde.

Doch zurück zu den fünf Grundpositionen im Satz! Will man das Prinzip der Einteilung nach funktionalen Kategorien so strikt durchhalten, wie es erwartet wird, so müßte man z. B. gerade beim Ablativ die übliche Einteilung nach semantischen Funktionen der nach syntaktischen unterordnen, also primär zwischen dem Ablativ als Adverbiale (der fast alle Phänomene abdeckt) und dem Ablativ als Objekt (der eigentlich nur bei Fällen wie *uti, fungi* etc. zu fassen ist) unterscheiden. Dem stehen aber gewichtige Bedenken entgegen: Der Abstraktionsgrad der syntaktischen Funktionen liegt bedeutend höher als der der semantischen, so daß man wenig Vorteile für die Unterrichtspraxis ausmachen kann. Auch der Dativ macht da Schwierigkeiten: Welcher syntaktischen Kategorie soll man z. B. den Dativ der Beteiligung und des Interesses zuordnen?

In dieser Lage wäre es ratsam, sich zu dem Terminus ‚semantische Funktion' durchzuringen. Noch stößt er an emotionale Hemmnisse. Es ist gewiß gut und richtig, daß man sich den wechselnden Moden der Terminologie gegenüber zugeknöpft zeigt. Wenn aber eine plausible, überdies auch weitreichend einsetzbare neue Einsicht genügend geprüft ist, verriete es Starrsinn, sich nicht umzustellen, möglichst noch mit dem

Argument, das könne doch nichts Rechtes sein, weil es nicht aus Bayern stammt.

So ganz haben die grammatikalischen Termini im übrigen den Rang des *aere perennius* auch wieder nicht, daß sie sich nicht verfeinern ließen. Man denke etwa an die Unterscheidung zwischen Konjunktion und Subjunktion, wenn schon ein Oberbegriff wie ‚Konnektor‘ nicht gefallen will, oder an den Ersatz des dem Schüler kaum begreiflich zu machenden ‚Genus verbi‘ durch den immerhin antiken Terminus ‚Diathese‘! In diesem Punkte sollten wir um ein weniges flexibler werden und auch den Schüler an den Entwicklungen teilnehmen lassen. In anderen Fächern, solchen zumal, die das Schülerinteresse relativ mühelos zu mobilisieren vermögen, ist solches gang und gäbe. Keine Sorge! Ein warnendes „*Ne quid nimis!*“ wird immer zu hören sein!

Wenn man das Schülerverhalten nicht grundsätzlich pessimistisch einschätzt, wird man erwarten können, daß der Einblick in die Innenstruktur einer Sprache den einigermaßen aufgeschlossenen Schüler durchaus faszinieren kann. Mancher wird freilich auch sagen: „Das wird doch in keiner Prüfung abgefragt, was soll's also?“ Natürlich sollen solche Probleme kein Prüfungsgegenstand sein, außer vielleicht einmal als Zusatzaufgabe im Zusammenhang mit dem aktuellen Lernprozeß. Damit ist man wieder einmal bei der oft bemühten Formel „*Non scholae, sed vitae!*“ angelangt. Offensichtlich wird sie gerade von denen, die sie am liebsten kritisieren, am verbissensten am Leben gehalten, und zwar in der von Seneca abgelehnten Fassung „*Scholae, non vitae!*“ Da wäre eine Mauer zu durchbrechen. Schließlich sind Erkenntnisse über die Innenstruktur einer Sprache transferierbar und damit für den Umgang mit anderen Sprachen, auch mit der Muttersprache von Bedeutung.

2.5 Nominalformen des Verbums und Hypotaxe

In besonderem Maße gilt das für die ‚eigentliche‘ Syntax, die sich mit den satzwertigen Nominalformen des Verbums und den hypotaktischen Satzgliedern befaßt. Doch leider muß man feststellen, daß die Grammatik jetzt, wo sie interessant würde, kaum mehr zur Hand genommen wird, weil man darauf setzt, daß sich die notwendigen Einsichten auch im Laufe der Lektüre gewinnen lassen. Realität ist allerdings, daß der Lernende sich lieber irgendwie durchzuwursteln versucht als daß er bereit wäre, die Grammatik einzusehen oder sie gar mitzubringen. Wie aber soll der Schüler ein Verhältnis zur Grammatik (gemeint ist: zum Grammatik-Buch) gewinnen, wenn er sich in ihr nicht auskennt, weil sie ja nur eine ungeliebte Lernhilfe für beschränkte Zeit war? Soll sich daran etwas ändern und will man ernstlich, daß sich etwas ändert, so muß zuerst einmal erreicht werden, daß der Schüler in der Grammatik auch wirklich heimisch wird, so daß er sie sinnvoll konsultieren kann. Man muß ihm sagen, daß das Übersetzen im Grunde eine Profi-Arbeit ist, die voraussetzt, daß man mit seinem Handwerkszeug umgehen kann. ‚Lieben‘ muß man es deshalb noch lange nicht, wenn dieses Wort so schlimm sein sollte.

Der nun erheblich reifere Schüler nimmt, wie die Erfahrung lehrt, durchaus mit Interesse zur Kenntnis, daß es zum Ausdruck der Hypotaxe trotz der zahlreichen Subjunktionen eine letztlich äußerst begrenzte Zahl von Kategorien gibt, nämlich lokal, temporal, modal, kausal, namentlich wenn man – was durchaus vertretbar ist – die weiteren (z. B. final, konsekutiv, konzessiv, adversativ) der Kausalität subsumiert, indem man z. B. das konzessive Verhältnis aus dem Nicht-wirksam-Werden eines (Gegen-)Grundes erklärt. Die Katalogisierung der verschiedenen Subjunktionen und das Kennenlernen der zugehörigen Nuancierungen ist demgegenüber von untergeordneter Bedeutung. Ein Seitenblick auf die Herkunft der deutschen Entsprechungen[2] sollte nicht fehlen. Unumgänglich ist es, sodann zu zeigen, wie die genannten semantischen Funktionen bei der Auflösung von Partizipien wieder einsetzbar sind. So gibt es denn kaum eine Grammatik, die es sich entgehen ließe, das in Tabellenform übersichtlich darzustellen, und zwar für die temporale, modale, kausale, konzessive und die kondizionale Sinnrichtung.

2.6 Exkurs: Besondere Sinnrichtungen des Partizips

In diesem Zusammenhang wird oft die Frage gestellt, warum es denn keine Beispiele für die übrigen Sinnrichtungen gebe. Vielleicht kann dem wenigstens in einem Punkte durch einen Satz aus dem älteren Plinius (n. h. 34,36) abgeholfen werden. Er berichtet da von dem Griechenbezwinger L. Mummius Achaicus, dieser habe zwar Rom mit den (aus Korinth) geraubten Kunstschätzen reich ausgestattet, sei aber von bemerkenswerter (und offenbar unüblicher) Uneigennützigkeit gewesen: Aus seinem Nachlaß habe man nicht einmal seiner Tochter eine standesgemäße Mitgift geben können:

Mummius Achaia devicta replevit urbem,
non relicturus filiae dotem;
cur enim non cum excusatione ponatur?

Das Partizip Futur Aktiv *relicturus* kann hier sicher nicht die Bedeutung haben, Mummius sei im Begriffe gewesen, seiner Tochter keine Mitgift zu geben, da er doch bereits tot war und somit zu nichts mehr ‚im Begriffe sein‘ konnte, von der abwegigen Auffassung einmal ganz abgesehen, er habe seine Tochter absichtlich ohne Mitgift gelassen. Naheliegt hier vielmehr die konsekutive Auffassung „..., und zwar mit solcher Uneigennützigkeit, daß sein Nachlaß nicht einmal hinreichte, seiner

---

2 FRÄNKEL, H. – In: Gymnasium 83 (1976), 550ff. (am Beispiel von ‚weil‘).

Tochter eine Mitgift zu geben". Denkbar ist aber auch eine adversative Auflösung: „Die Stadt Rom füllte er mit Kunstwerken an, aber für seine Tochter blieb nicht einmal eine Mitgift" – hypotaktisch: „..., während sein Nachlaß nicht einmal ausreichte, seiner Tochter eine Mitgift zu geben" – im übrigen einer der Topoi, die Unbestechlichkeit signalisieren (s. Cornelius Nepos, Vita Aristidis 2,2 f.). Es kommt eben darauf an, wie man den Text interpretiert: Geldmangel als Folge der Uneigennützigkeit oder private Armut als Gegensatz zu öffentlicher Munifizenz.

Die Partizipien auf -urus sind in Hinsicht auf die in ihnen verborgenen Sinnrichtungen offenbar ergiebiger, als die Unterrichtswerke anzunehmen scheinen, wenn sie die finale Sinnrichtung (entgegen dem statistischen Befund) favorisieren. So findet man z. B. kondizionale Verwendung in einem bekannten Horazvers (sat. 1,10,72):

> *Saepe stilum vertas, iterum quae digna legi sint,*
> *scripturus ...*
> (Willst du schreiben, was man immer wieder lesen kann,
> so mußt du oft den Griffel wenden und das Geschriebene
> tilgen ... W. Schöne)

Die Beispiele ließen sich mehren, doch ist der Platz knapp, und so müssen Andeutungen genügen.

3. **Korrektes Korrigieren**

Nun darf man die Bedeutung solcher Transformationen trotz ihres Nutzens für einen beweglicheren Umgang mit der Muttersprache auch nicht überschätzen. Die Gefahr, daß solches geschieht, ist freilich gering, jedenfalls bezüglich des Einflusses auf die Bewertung von Prüfungsaufgaben. Denn zum einen kommen solche Konstruktionen in Texten von Schulaufgaben-

oder Abituraufgabenlänge nicht eben gehäuft vor, und zum andern lehrt der Einblick in die Korrektur von Arbeiten, daß das, was im Unterricht gerne strapaziert wird, nahezu nichts mehr bedeutet, wenn einem Schüler der oberen Ränge dadurch die Note verdorben würde. Es zeigt sich da ein sonderbarer Gegensatz: Zum Essential Hochstilisiertes wird im Ernstfall zur Bagatelle abgestuft, während Bagatellen wie etwa ein vergessenes (vielleicht sogar mit Bedacht unübersetzt gebliebenes) *autem* stramme Fehlerstriche eintragen. Das lenkt den Blick noch einmal auf Grundsätzliches: Man muß sich genau überlegen, was man für wichtig erklären will, muß dann aber auch konsequent sein, wenn dagegen gefehlt wird. Das mindeste wäre noch, wenn man seine eigene Forderung schon für eigentlich unerfüllbar hält, sie aber trotzdem stellt, die richtige Lösung mit einem Pluspunkt zu honorieren. Andernfalls ebnet man das Leistungsprofil einer Gruppe ein und riskiert, daß Forderungen insgesamt nicht mehr ernstgenommen werden.

In diesen Zusammenhang gehört auch die groteske Situation, daß Richtiges als falsch beanstandet wird. Man lehrt etwa, daß bei Vorzeitigkeit in Bezug auf ein sog. Nebentempus der Konjunktiv Plusquamperfekt stehen muß. Aus dieser Regel wird sichtlich oft der falsche Schluß gezogen, es sei zu beanstanden, wenn in der deutschen Übersetzung anstelle des Plusquamperfekts das Präteritum gewählt wurde. Damit wird doch genau derjenige bestraft, der die Regel richtig herum gelesen, also verstanden hat – womöglich auch noch von dem, der sie ihm beigebracht hatte. Was soll der Schüler da noch von lateinischer Grammatik halten? Ähnliches könnte man zum Futur I, erst recht zum Futur II (schon gleich in Gestalt des sog. Konjunktiv Futur II) anmerken. Noch schlimmer geht es mitunter bei der Oratio obliqua zu: Nur zu oft findet man gerade das Richtige beanstandet, z. B. mit der Begründung, es sei ‚nicht wörtlich genug‘ übersetzt worden. Das ist um so unverständlicher, als unsere Nachrichtensendungen, die doch jeder hört, voll sind von indirekter Rede und – was immer man sonst an der Qualität von Sendungen kritisieren mag – so gut wie immer richtig sind. Sollte da nicht auch der Korrektor genauer hinhören, wenn er schon nicht in den Grammatik-Duden schauen will?

Ich bin mir bewußt, daß ich etwas dick aufgetragen habe, was nicht heißt, daß alles aus der Luft gegriffen wäre. Es geht mir dabei wahrlich nicht um eine Kollegenschelte – Wer macht schon keine Fehler? –, sondern um das Aufzeigen eines der Momente, die den Schüler an der Grammatik verzweifeln lassen möchten. Man sollte immer bedenken: Es geht bei der Version eigentlich gar nicht mehr primär um Latein, sondern um die Muttersprache, und die folgt nun einmal nicht immer denselben Gesetzen. Wäre dem nicht so, brauchte man auch keine lateinische Grammatik. Die aber muß man gewissermaßen auch in umgekehrter Richtung lesen können. Das Umdenken von einem Lernweg, den man selbst einmal gegangen ist, nämlich dem vom Deutschen ins Lateinische (mit dem bekannten ‚Lektüreknick‘ als Folge), in ein Denken vom Lateinischen her ist schwieriger, als man wahrhaben möchte. Selbst alterprobte Lehrwerke sind nicht dagegen gefeit, einmal in die falsche Richtung zu formulieren. Das sollte man nicht mit falschem Fatalismus hinnehmen, sondern den Autor aufmerksam machen. Jedenfalls läßt sich von da kein Freibrief herleiten, in ausgefahrenen Bahnen zu verbleiben.

*

Es wird kein Allheilmittel geben, das den Schwierigkeiten abhelfen könnte, die auftreten, wenn man heutigen Schülern die lateinische Grammatik vermitteln will. Aus dem Ausgeführten ergibt sich aber vielleicht die eine oder andere Anregung: Man muß den Schüler in der Grammatik wirklich heimisch werden lassen, wozu auch gehört, daß die Grammatik-Surrogate auf ihre Zwecke beschränkt bleiben. Man muß die Grammatik aus ihrer (scheinbaren) Starre befreien, wozu dienlich sein kann, sie als aktuell, aber auch als im Fluß befindlich zu erweisen; sie stehe nicht im Zeichen der Medusa, sondern eines Pygmalion! Vor allem aber soll der Grammatikunterricht sich nicht in Lernanforderungen erschöpfen, sondern Schule des Denkens sein. Er ist kein notwendiges Übel, sondern hat als Weg zur Zielleistung, dem rechtverstandenen Übersetzen-Können, durchaus einen Eigenwert. Dieser besteht nicht im Dominieren über alles andere, sondern im Dienst an dem, der lateinische Texte lesen, der andere Sprachen lernen, der mit seiner Muttersprache ordentlich umgehen können will. Wo sonst als im Lateinunterricht wird heute noch Grammatik intensiv betrieben? Die Selbstrechtfertigung des Lateinunterrichts lebt zu einem nicht geringen Teil gerade von diesem Argument, hinter dem auch die entsprechende Leistung stehen muß. Lassen wir uns also etwas (richtiger: viel) einfallen, um die Grammatik auch dem heutigen Schüler als ein wenigstens grundsätzlich akzeptiertes Bildungsgut vermitteln zu können!

Rudolf Hotz

Von den Schwierigkeiten eines Lateinanfängers

Analyse von Fehlern – Hinweise zu ihrer Vermeidung

Latein als erste Fremdsprache gilt zwar als durchaus nützliche „Schule des Geistes", aber eine nicht unerhebliche Gruppe von Eltern und Kindern scheut, oft nach anfänglichem Interesse, doch wieder vor den Schwierigkeiten von Latein zurück und entscheidet sich für den Weg mit Englisch als erster Fremdsprache. Dieser Weg scheint ihnen, wie mir oft versichert wurde, als risikoärmer. Sehr wahrscheinlich hätte ein Teil dieser Schüler einen durchaus problemlosen Einstieg ins Gymnasium über Latein haben können. Deshalb erschien es mir sinnvoll, einmal in einer möglichst genauen Analyse aufzulisten, welchen Problemen sich der Lateinanfänger gegenübersieht. Diese Probleme zeigen sich am deutlichsten in den Fehlern, die die Schüler im Lauf des ersten Lateinjahres in den Schulaufgaben (= Klassenarbeiten) gemacht haben. Ziel dieser Untersuchung soll es sein, aus der Art und Häufigkeit der gemachten Fehler Hinweise zu deren Vermeidung oder wenigstens deren Verminderung abzuleiten.

Untersucht wurden 42 Schulaufgaben/Klassenarbeiten von 5. Jahrgangsstufen, die zwischen 1985 und 1989 am Wilhelmsgymnasium München gehalten wurden. Die Auswahl aus den während des ersten Lateinjahres gehaltenen Schulaufgaben 1 bis 6 erfolgte so, daß Zufälligkeiten möglichst ausgeschaltet wurden, die sich aus den jeweiligen Unterrichtsschwerpunkten einzelner Lehrer hätten ergeben können. Man weiß ja, daß jeder Lehrer (meist unbewußt) bestimmte Phänomene stärker, andere weniger stark in den Vordergrund seines Unterrichts rückt. Deshalb wurden Arbeiten von älteren, erfahrenen Lehrern mit solchen jüngerer gemischt. Vorab sei bemerkt, daß sich ganz unabhängig von einzelnen Lehrern bestimmte, stets wiederkehrende Fehlertypen feststellen ließen.

Grundlage aller Schulaufgaben war das Lehrbuch ROMA Bd. I für Latein als 1. Fremdsprache, herausgegeben von Josef Lindauer und Klaus Westphalen.
Im folgenden werden die typischen Fehler aufgezeigt, geordnet in der Abfolge der Schulaufgaben.

1. Erste Schulaufgabe/Klassenarbeit

Am Wilhelmsgymnasium München wird die 1. Schulaufgabe seit vielen Jahren in zwei kleinere Teilarbeiten zerlegt.

1.1 Erste Teilschulaufgabe

Der Stoff der ersten Teilschulaufgabe geht fast durchweg von Kapitel 1 bis 8, mindestens bis 7, höchstens bis Kapitel 9 des Lehrbuchs.
Die wichtigste zu erlernende Technik ist das *Abfragen*. Da es in der ersten Teilschulaufgabe in der Regel nur um Genitiv, Dativ und Akkusativ geht, halten sich die Abfragefehler meist in engen Grenzen. Im allgemeinen wird richtig abgefragt, im Durchschnitt kommt pro Schüler weniger als *ein* Abfragefehler vor, genauer gesagt, bei durchschnittlich ca. 25 Schülern pro Klasse gibt es zwischen 15 und 30 Abfragefehler; dabei ist noch anzumerken: In einigen Schulaufgaben wurden die Schüler veranlaßt, auf dem (eingesammelten) Angabenblatt schriftlich abzufragen. Dabei zeigte sich gar nicht so selten, daß die Schüler Kasus und Numerus richtig abgefragt hatten, aber dann den falschen Ausgang auf ihr Blatt schrieben. Das *Abfragen* stellt sich also in der 1. Teilschulaufgabe nicht als wesentliche Fehlerquelle heraus.
Ein erstaunliches Phänomen zeigt sich bei den Verbalformen: Unerwartet oft werden in der deutsch-lateinischen Übersetzung die falschen Personalendungen angehängt, z. B. *volatis*

statt *volamus, laudat* statt *laudo* usw. Bei den sechs 1. Teil-schulaufgaben war dies immerhin mehr als 40× der Fall, wobei es nur bei der Verwechslung von *-mus* zu *-nt* eine Erklärung zu geben scheint, nämlich die gleiche Endung der deutschen Formen: wir loben – sie lob*en*. Man müßte wohl diese Schwierigkeit immer wieder ins Bewußtsein der Schüler rufen.

Falsch gebildete Verbalformen dagegen sind eher die Ausnahme: *vidiatis, palecent, nuntient, invisitatis, terrat, tarrent, valdemus, adhibient, dotis, dantis, delas, deleas* sind die komplette „Sammlung" der falsch gebildeten Verbalformen. Die Fehlerursache ist jeweils leicht erkennbar.

Typische *Flüchtigkeitsfehler,* nämlich die Verwechslung von Singular und Plural bei Substantiven, kommen in jeder Arbeit vor (6 bis 30 Belege pro Einzelschulaufgabe).

Zwei ernsthafte Probleme deuten sich bereits in den 1. Teil-schulaufgaben an und hören später nicht auf:

1. Das „Überfahren" von Signalen
2. Schwierigkeiten im Satzbau bei der Verdoppelung oder Verdreifachung von Satzteilen.

Dazu einige ausgewählte Beispiele:

Zu 1:

Sic hora delectat: So erfreut *er* (noch richtig abgefragt!) die Stunde/so erfreuen ihn die Stunden/so erfreuen sie die Stunden.

Tum scholae appropinquant: Dann betreten sie die Schule. Die Einwohner fragen: *Incolas rogat.*

Amicos vituperat, quod . . .: Der Freund tadelt, weil . . ./die Freunde tadeln . . .

Nunc servus Marco tabulam dat: Jetzt gibt Markus dem Sklaven . . .

In all diesen Fällen haben die Schüler weitgehend richtig begonnen, vom Prädikat her abzufragen, dann aber unterwerfen sie den vermuteten Inhalt des Satzes nicht mehr der Kontrolle durch Analyse der Ausgänge.

Zu 2:

Ein auch von der Zahl der Fälle her größeres Problem, das nicht primär ein Lateinproblem ist, bringt der Satzbau: *Magister puellas iam exspectat et salutat:* Der Lehrer erwartet die Mädchen (kein Satzzeichen!) schon grüßt er. Die beiden Prädikate zum gleichen Objekt *puellas* machen offenbar Schwierigkeiten. Beim Übersetzen aus dem Deutschen ins Lateinische erhöhen sich diese Schwierigkeiten. Dafür drei Beispiele:

Denn ein Bote eilt herbei und meldet dem Hausherrn: *Nam nuntius domino villae advolat et nuntiat.*

Da weint Davus fast und erzählt: *Tum Davus paene et narrat flet.*

Immer lacht ihr und erzählt die alten° Geschichten Griechenlands: *Semper Graeciae fabulas ridetis et narratis.*

Die Schüler nehmen offenbar die Regel „Prädikat am Schluß" allzu ernst und stellen zwei Prädikate asyndetisch an das Ende des Satzes.

Bei dreigliedrigen Satzteilen erhöhen sich die Schwierigkeiten:

Die Herrin tadelt die Sklaven nicht, sondern lobt sie°, weil sie gehorchen, Sorgfalt anwenden und den Gästen Speisen bringen:

    ... quia parent et convivis adhibent cibum portant.

     ... parent, convivis curat hibeo et cibos portant.

     ... parent, cura et convivis cibos adhibent et portant.

     ... parent, curat adhibet et convivis cibos (Prädikat fehlt).

Hier scheint es möglich, durch gezielte Übung vor der Schulaufgabe Abhilfe zu schaffen: Sätze mit zwei Objekten, zwei Prädikaten und zwei Prädikaten, die durch Objekte ergänzt sind. Wichtig ist dabei die Verbalisierung des Problems: „Dieser Satz hat zwei Objekte..." Es scheint so, als käme den Schülern im „normalen" Verlauf des Unterrichts das Problem nicht zu Bewußtsein.

Die Schwierigkeit, umfangreichere lateinische Satzgefüge zu überblicken und korrekt ins Deutsche zu übersetzen, kehrt in allen weiteren Schulaufgaben wieder.

Naturgemäß spielen in der 1. Teilschulaufgabe die *Deklinationsfehler* noch eine recht geringe Rolle, doch kommen immerhin schon folgende „Mißbildungen" vor: *Convivos, insuli, nuntia* (statt *nuntius*), *incoli, cibas, campas, diligitim* (statt *diligentiam*), ganz abgesehen von einigen wenigen „Ungetümen" wie: *Curamus* (statt *curarum*), *diligentiamus* (statt *diligentiam adhibemus*), *qurant* (statt *curae*). Gegen solche Fehler ist wohl eine vorbeugende Übung kaum möglich.

1.2 Zweite Teilschulaufgabe

Die 2. Teilschulaufgabe wurde, bis auf eine Ausnahme, lateinisch-deutsch gehalten. In der deutsch-lateinischen Arbeit gab es bei den 29 Schülern eine relativ große Menge von *Abfragefehlern*. Der Akkusativ wurde etwa 30× verfehlt, am häufigsten bei folgenden Ausdrücken/Sätzen: Warum liebst du die Heimat mehr als Italien? *Cur patria* (6×) *magis amas quam Italia* (8×)/*Italiae* (2×).

Ich kenne den Grund gut: *Causa* (6×)/*causae* (1×) *non ignoro*.

Es fällt auf, daß öfter in zweigliedrigen Ausdrücken *(magis . . . quam/non solum, sed etiam)* der erste Akkusativ getroffen wurde, der zweite aber verfehlt. Dieser Fehler müßte durch Verbalisierung des Problems und gezielte Übungen als selbstverständlicher Bestandteil der Schulaufgabenvorbereitung behebbar sein.

Der Dativ wurde nur selten (10×) falsch gemacht, während es bei zwei Wendungen des Genitivs Schwierigkeiten gab:

Eine Menge Freunde: *Copia amici/amicos*.

Ich pflege den Kräutergarten: *Curo hortum herbas/hortos herbas/herbas horto*. Die zusammengesetzten Substantive im

Deutschen, die im Lateinischen mit Genitivattribut gebildet werden, werden wohl immer schwierig bleiben, besonders dann, wenn das Grundwort nicht im Nominativ steht. Neben den Abfragefehlern kommen auch wieder *Verwechslungen* von Personalendungen vor: *rogat* statt *rogant* (4×), *habent* statt *habetis* (9×), *curat* statt *curo* (4×), *amat* statt *amas* (3×) usw.

Die lateinisch-deutschen Schulaufgaben zeigen bereits in auffallender Weise „*Konstruktionsfehler*": Auch dabei wird oft das Abfragen richtig vom Prädikat her begonnen, wie es offenbar immer wieder intensiv geübt wird. Wenn aber das Prädikat falsch übersetzt wird oder wenn eine an dieser Stelle unpassende Bedeutung des Verbums gewählt wird, zerbricht der Satzbau oft völlig. Aus den vielen Beispielen seien fünf herausgegriffen:

Beispiel 1: *Sic gratiam domini non paro.* So bringt ihr dem Herrn keinen Dank/so bereite ich dem Herrn keinen Dank/so gehorche ich dem Dank des Herrn/so gehorche ich der Gunst des Herrn nicht.

Beispiel 2: *Mane pugnant et audacia incolas terrae curis liberant:* Am Morgen kämpfen sie mit Wagemut (*et* nicht berücksichtigt)/die Einwohner haben (Ende der Übersetzung)/und der Wagemut der Landbewohner bewahrt sie von Sorgen/Am Morgen befreien die Einwohner die Kämpfe und der (!) Wagemut von Sorgen der Erde/... kämpfen sie und die Kühnheit gegen die Einwohner des Landes und befreien sie von Sorgen/kämpfen sie und die Kühnheit ... befreit/Morgens kämpfen sie und befreien ... mit Wagemut und Sorgfalt/... mit Kühnheit Sorgfalt (asyndetisch!).

Beispiel 3: *Nunc servis cenam paras:* Nun bereitest du Sklave die Mahlzeit/nun bereite .../Nun bringen die Sklaven Speisen.

Beispiel 4: *Si servus dolum adhibet et audacia bestiam superat, imperator virum pecunia donat:* Wenn der Sklave die List angewendet hat, überwindet den Tier(!) überwindet hat, der

Kaiser schenkt dem Mann Geld/... und die Umsicht des Tieres überwindet .../... eine List und Wagemut anwendet, überwindet er das Tier, der Kaiser beschenkt .../Wenn der Sklave die Anwendung der List und die Kühnheit des Tieres überwindet .../... eine List anwendet und die Kühnheit des Tieres (der Tiere/von dem Tier) überwindet, schenkt der Kaiser dem Mann Geld.

Auch an diesem Beispiel zeigt sich Typisches: Ist das Prädikat falsch, werden alle anderen Signale, die Ausgänge, „überfahren" und passend zurechtgebogen, notfalls unter bedenkenloser Veränderung der Wortfolge. Eine zusätzliche Schwierigkeit bringt in diesem Fall das Wort *donat* mit seinen zwei Konstruktionen. Hier muß der Lehrer dem Schüler einschärfen, daß er bei *donare* stets mit den *beiden* möglichen Konstruktionen einen Abfrageversuch machen muß.

Beispiel 5: Auch hier spielt die Konstruktion von *donare* eine große Rolle: *Dona, dea, nos gratia et libera piratis, quia avaritia vicum terrent, agros delent, naviculas* (Angabe) *copiis cellarum onerant:* Hier ist allerdings zu fragen, ob der Schwierigkeitsgrad eines solchen Satzes nicht zu hoch ist: Zur Schwierigkeit von *donare* tritt ein zweites Prädikat *(libera)* ohne Objekt sowie außerdem noch die doppeldeutige Form *piratis* und ein dreiteiliger *quia*-Nebensatz, in dem gleich am Anfang die zweideutige Form *avaritia* steht. Die Übersetzungen zeigen deutlich, welch große Schwierigkeiten die Schüler mit diesem Gebilde hatten. Ganz richtig hatten den Satz 3 von 24 Schülern, weitere 3 bewältigten ihn mit 1–2 Fehlern, drei Viertel der Klasse machten 3 oder erheblich mehr Fehler. Eine (unvollständige) Liste der „Lösungen": Schenke uns, o Göttin, Kunst (Gunst?) und Kinder, daß die Piraten aufgeben, weil die Habgier erschreckt unser Dorf, sie zerstören Äcker, sie rüsten ihr Schiff mit einer Menge Vorratskammern aus/Schenkt, die Göttin den Piraten aus Dank, weil sie die Einwohner erschrecken, zerstören sie Äcker und sie beladen .../Beschenke uns, Göttin, mit Dank und befreie uns von den Piraten, weil sie mit Pfeilen den Mann

erschrecken, sie zerstören die Äcker, in Füllen schenken sie
Mengen von (Wort fehlt)/Schenke uns und unseren Kindern
die Befreiung von den Piraten, weil sie und ihre Habgier unser
Dorf erschrecken . . ./Schenkt, Göttin, den Piraten nicht Dank
und Geschenk (Ende der Übersetzung des Satzes)/Schenke uns
Dank, weil ihre Habgier das Dorf erschreckt, Bauern überfal-
len (Ende der Übersetzung des Satzes)/Die Göttin Dona be-
freit nicht den Dank der Piraten, weil die Habgier fürchten, die
Männer, sie zerstören Äcker, sie füllen die Vorratskammern
der Schiffe./Beschenke . . . uns mit Dank und Kind den Seeräubern, weil die Habgier das Dorf erschreckt, sie zerstören . . ./
Beschenke, o Göttin, mit Dank und Kind den Seeräubern . . ./
Beschenke uns mit Freiheit gegen die Seeräuber/Schenkt die
Göttin den Piraten aus Dank, weil sie die Einwohner erschrek-
ken, zerstören sie Äcker, beschmücken ihre Schiffe mit Kam-
mern./Schenke uns und unseren Kindern Befreiung von den
Piraten, weil sie und ihre Habgier . . ./Schenke uns, Göttin,
Gunst und Kinder, daß die Piraten aufgeben, weil die Habgier
unser Dorf erschreckt.

Hier zeigt sich überdeutlich, wie die Kinder dann, wenn sie den
Überblick verlieren oder ein Wort falsch gedeutet haben, die
Ausgänge überhaupt nicht mehr beachten, sondern nur aufgrund der bekannten oder vermuteten Wortstämme den ver-
mutlichen Sinn des Satzes „zusammenbasteln". Abhilfe erscheint möglich, wenn man die Kinder zwingt (möglichst auf
dem Angabenblatt), jede einzelne Form schriftlich zu analysieren (Gen. Sing./Dat. Sing/ Nom. Pl.) und bei zweideutigen
Formen durch weiteres Abfragen die unpassende Form auszu-
sortieren. Die hierfür natürlich nötige zusätzliche Arbeitszeit
sollte man ihnen, gerade in der ersten Schulaufgabe, unbedingt
geben.

2. Zweite Schulaufgabe/Klassenarbeit

Die zweite Schulaufgabe umfaßt in der Regel die Kapitel bis 16 (maximal 20) von ROMA I. Der andere Stoff bedingt natürlich andere Fehler, während die für die erste Schulaufgabe beschriebenen Fehler weiterhin vorkommen. Das Abfragen wird zunehmend sicherer, *Abfragefehler* kommen natürlich vor, aber sie halten sich in engen Grenzen und ihre Ursachen lassen sich großenteils feststellen:
1. Teilweise scheinen Abfragefehler dialektbedingt zu sein (*docere* mit Dativ statt Akkusativ; *monere* mit Dativ; „viele opfern *die* höchsten Götter").
2. Nicht selten wird, wie schon erwähnt, bei zwei Objekten das erste richtig abgefragt, das zweite falsch: *Fabri etiam monumenta et columnae (!) aedificant.*
3. Gelegentlich bringt eine zweideutige Form Probleme: *Summo gaudio nos sub tecto casae otio grato dabamus:* Wir gaben uns *der* höchsten Freude *in* Ruhe hin.

Aber insgesamt macht das Abfragen deutlich weniger Schwierigkeiten. Umso schwieriger und schmerzlicher muß es für viele Schüler sein, daß es Fälle gibt, wo das so mühsam erlernte und geübte Abfragen geradezu unerwünscht ist und zu Fehlern führt, nämlich bei den meisten Präpositionen; einige typische Beispiele solcher recht oft vorkommenden Fehler: *Ab viae* („von wem?")/*sub ianuae* (unter wem?)/*sub portae*/*sub altae vineae* (unter wem?)/*de vitae* (von wem?)/*sine moram* (ohne wen?)/*ante pauci anni*/*cum nonnulli amici*/*de antiqui Romani* (auf das Abfragen wurde verzichtet)/*prope ad silvam* (nahe beim Wald; sehr gut gemeint!)/*intra murorum* (innerhalb wessen?).
Besondere Schwierigkeiten macht in der deutsch-lateinischen Übersetzung das Wort „mit". Es findet sich ebenso oft *liberis* wie *cum verbis*.

Es häufen sich bereits in der zweiten Schulaufgabe die *Deklinationsfehler,* d. h. das Zuordnen eines Substantivs oder Adjektivs zu einer falschen Deklination (selten dagegen werden Verben in die falsche Konjugation eingereiht): *templam, templas* (oft), *templus, fabrae, donas, donos, verbas, imperiam, Romi, aedificii, gaudii* (jeweils als Plural gemeint), *monumentos* (oft), *beneficias, foras, gaudiam, sub ianuo, fabuli.* Extrem selten sind weiterhin Ungetüme wie *beneficiant, donant* oder *molestare* (lästig sein).

Deklinations- und Einordnungsfehler dagegen kommen bis zur sechsten Schulaufgabe immer mehr vor. Sie stellen wahrscheinlich eine durch Üben nicht bekämpfbare Fehlerquelle dar.

Dagegen müßte es möglich sein, die gar nicht seltenen *Kongruenzfehler* durch geeignete Übungen in den Griff zu bekommen. Solche Übungen finden sich bereits in ROMA I (vgl. 15 Üd), sie könnten aber angesichts der doch recht großen Zahl von Kongruenzfehlern noch vermehrt werden. Beispiele solcher Kongruenzfehler: *in forum praeclarus, statuas varia, virorum Romani, turba molestus, cuncti servos* (oft), *cunctis servos, vias varia, columnas praeclarus, columnas praeclara.*

Auch in den lateinisch-deutschen Übersetzungen kamen Kongruenzfehler vor: *Nam convivia laeta dominus amat:* Der *fröhliche* Herr liebt Gastmähler. *De vita improba:* Über das Leben *der Schlechten.*

Besonders schwierig ist das Problem der Kongruenz bei prädikativen Ergänzungen: *laetum eras/laetus eramus/fidus sumus/ avus pleni gaudii est/avus plenis gaudii est/avus plenum gaudium est/avus plenum gaudii est.*

In einer der zweiten Schulaufgaben gehörte der Infinitiv bereits zum Stoff. Hier zeigten sich sehr erhebliche Probleme der Schüler, auch der guten:

Beispiel 1: *In Campo Martio extra oppidum per multas horas exercere viris molestum non erat.* (Vermutlich wird hier auch durch das „Beiwerk" *extra oppidum per multas horas* der Blick auf das Phänomen Infinitiv verstellt): Auf dem Marsfeld ...

übten Männer nicht beschwerlich/Auf dem Marsfeld ... plagen durch viele Stunden hindurch (Ende der Übersetzung des Satzes)/Auf dem Marsfeld außerhalb der Stadt (Ende der Übersetzung des Satzes)/Auf dem Marsfeld außerhalb der Stadt üben (Ende der Übersetzung des Satzes)/Im Marsfeld viele Stunden hindurch üben die Männer warten nicht auf den Aufschub/Er war nicht auf dem Marsfeld, wo sich viele beschwerliche Stunden hindurch Männer üben.

Beispiel 2: *Itaque Romam, feminas, liberos a periculis conservare summum bonum erat:* Daher war Rom, Frauen und Kinder von Gefahren geretteten den höchsten Römern (sic!)/ Deshalb bewahren sie Rom, die Frauen und Kinder von Gefahren (Ende der Übersetzung)/Daher retten sie Rom ... er war das höchste Gut/Daher war Rom ... von Gefahren gerettet den höchsten Römern ihr Gut/Deshalb retten Römer, Frauen, Kinder vom (Ende der Übersetzung)/Deshalb rettet Rom, Frauen und Kinder aus Gefahren, die Römer, sie (Ende der Übersetzung)/Daher war das höchste Gut der Römer, Frauen und Kinder zu retten/Deshalb hat er Römer, die Frauen ... aus der Gefahr gerettet, von den Römern ist es hoch und gut/usw. Ganz richtig haben den Satz sechs Schüler, ganz ausgelassen haben ihn vier. Das Problem besteht meistens darin, daß die Schüler den Infinitiv als Hauptverbum nehmen und alles andere in „gewohnter Manier" zurechtbiegen, bis es den vermuteten Sinn ergibt.

3. **Dritte Schulaufgabe/Klassenarbeit**

Die dritte Schulaufgabe, obwohl durchweg Ende Januar/Anfang Februar geschrieben, zeigte innerhalb der einzelnen Parallelklassen eines Jahrgangs und im Vergleich der Jahrgänge eine recht breite Streuung im Stoff, der in einem Fall bis Kapitel 25 reichte, in einem anderen Fall bereits bis Kapitel 33.

Das heißt, die besonders fehlerträchtigen Phänomene wie Pronomina und Konjunktive treten teilweise noch nicht auf. Trotzdem gibt es in allen Schulaufgaben auch gemeinsame Fehler: Die *Tempusfehler* nehmen stark zu (in jeder einzelnen Schulaufgabe waren es zwischen 10 und 20). Das *Abfragen* scheint eher mechanisch zu erfolgen: wir sind = *sunt* (Der Schüler fragt ab: Was ist ausgesagt? Sind. *Sunt.*). Auch die neu hinzugekommenen Fragen (Wie lange?/Womit? Wodurch? Wovon?/Wann?/Wo?/Wohin) werden oft mechanisch behandelt, was zu den häufigen Fehlern *in anno novo, multos annos diu, multae horae, multis annis* führte, aber auch zu Lösungen wie „mit den Kindern" = *liberis*/„mit Tieren" = *bestiis*/„in den Ferien" in *feriis/in feriae, in ferias/*„mit angenehmen Speisen" = *cum cibis gratis/*„mit unserem Lehrer" = *magistro nostro/*„in alten Zeiten" = *in temporibus antiquis/*„im Zeitalter" = *in aetatibus.*

Soweit die verschiedenen *Pronomina* behandelt waren (Personal-Possessiv-Reflexivpronomen), machten vor allem die deklinierten Formen großen Kummer. Daß ein Pronomen in einem anderen Fall als im Nominativ stehen kann, ist den Schülern offenbar vom Deutschen her kaum vertraut; die Akkusative *te, me, nos, vos* werden häufig ganz weggelassen.

Noch schlimmere Schäden aber richtet die sehr häufige Verwechslung von Personal- und Possessivpronomen an: *nostra* = uns, *cum tuo* = mit dir, über ihr Leben = *de vestri vitam*, frei von unserem . . . = *liberi a nobis* usw.

Fast ebenso oft verwechselt werden die Kasus innerhalb eines Pronomens: *vobis vexabat, nobis necare, a tibi* (sehr oft), *de tibi, ad tibi, cum tibi, cum te, opto te* (statt *tibi*) usw.

Die *Modi* stiften von Anfang an Verwirrung, wohl auch deswegen, weil in ROMA I der Konjunktiv Präsens und der Konjunktiv Imperfekt allzu rasch aufeinander folgen. Dieses strukturelle Problem des Buches ist wohl vom Lehrer allein nicht zu lösen; vielleicht kann man bei einer späteren Auflage den Abstand zwischen den beiden Konjunktiven etwas vergrößern.

Welche Fehler kamen nun im Bereich der Modi am häufigsten vor?

1. Der Konjunktiv wird überhaupt nicht beachtet: *contenti simus* = wir sind zufrieden/*si domini iusti essent* = wenn ... sind/*moneamus* = wir mahnen usw.
Auch im deutsch-lateinischen Teil kommt dies vor: ihr möget schweigen = *tacetis*/daß ich erzähle = *ut narro*.
2. Die Konjunktive bei *ut* und *cum* werden nicht der Zielsprache gemäß wiedergegeben: *ut contentus es*, aber auch: *ut negarent* = damit sie verweigern würden/*ut apportarent* = daß sie bringen würden (sehr oft)/*ut negent* = daß sie verneinen mögen.
3. Die Konjunktive werden verwechselt: *visitaretis* statt *visitetis*/*liceret* statt *liceat* (dafür auch *licet sit*).

Abhilfe könnte man mit folgendem methodischen Weg versuchen: Man schärft den Schülern ein, jede Verbalform zuerst darauf zu überprüfen, ob sie im Indikativ oder Konjunktiv steht. Wenn Konjunktiv vorliegt, wird gefragt, ob der Konjunktiv durch *ut* oder *cum* (später auch: durch einen indirekten Fragesatz) verursacht ist. In diesem Fall gilt: „Konjunktiv vergessen, Zeit beibehalten". Wenn dagegen kein *ut* oder *cum* oder kein Fragewort vorhanden ist, wird der Konjunktiv Präsens mit „möge", der Konjunktiv Imperfekt mit „würde" übersetzt. Die Regel mag zunächst etwas kompliziert klingen, die Schüler haben sich aber bei einem entsprechenden Versuch rasch daran gewöhnt und haben in einer anschließenden Stegreifaufgabe nur noch recht wenige Modus-Fehler gemacht. Diese Regel verbaut übrigens auch nichts für später: Der Konjunktiv Perfekt und Plusquamperfekt läßt sich leicht hinzufügen.

4. Vierte Schulaufgabe/Klassenarbeit

Die vierten Schulaufgaben fanden fast durchweg Mitte bis Ende März statt. Die stofflichen Abstände hatten sich wieder etwas nivelliert, der Stoff reichte in der Regel bis zu den Kapiteln 40/41/42/43, nur eine ging bis 46.

Die größere *Vielfalt der Deklinationen* (u-, e-, kons. Deklination folgen ziemlich rasch aufeinander) bringt erwartungsgemäß beim deutsch-lateinischen Übersetzen Verklumpungseffekte, d. h. Formen der verschiedenen Deklinationen werden gemischt, bei der konsonantischen Deklination werden Substantiva nicht selten in die falsche Untergruppe eingereiht.

Auffallend, aber vielleicht zufällig war es, daß kein einziges Wort der e-Deklinkation „verunstaltet" wurde.

Es fanden sich:

libram, venta, domarum, domuum, patriciorum (statt patrum), exemplos, in aggris,

magistratos, mano (oft), *a manuibus, cum mane, manis* statt *manibus, specem,*

aetutibus, virututi (statt *virtute*), *pietutis, virtate, admiratiem, homones, ex ordini, ordonis, dominatiem, dominatatem, ministrates, serminem, dignite* (statt *dignitate*), *civitatinis, sermorem, sermem, calamitem, litor, lape, hominorum, iterna* (statt *itinera*), *iteres* oder *itineres*.

Schwere *Konstruktionsfehler* waren in den vierten Schulaufgaben selten; sie beschränken sich in dieser Phase des Schuljahres offensichtlich bereits auf die schwächeren Schüler. Statistisch gesehen spielen sie überhaupt keine Rolle, wenn man einmal davon absieht, daß eine Klasse mit einem bestimmten einzelnen Satz in einer Schulaufgabe überproportional große Schwierigkeiten hatte.

Dagegen machen die zahlreich gewordenen *Tempora- und Modifehler* manche Note schlechter: Die schon bei der 3. Schulaufgabe beschriebenen Fehler häufen sich: damit sie überwanden = *ut superabant*/als sie hatten = *cum habebant*/*ut excitaret* = damit er aufregen wird/möge/würde.

Auch die Zeitstufen des Konjunktivs werden kräftig durcheinandergeworfen: *cur paret* (statt *paraverit*)/*cur expugnarent* (statt *expugnaverint*)/*cum timuerint* (statt *timuissent*)/*ut arcuerit* (statt *arceret*). Vielleicht um dem Lehrer eine Freude zu machen und den neuen Modus vorzuführen, wird Konjunktiv statt Indikativ verwendet: *fuerint* statt *fuerunt, creaverint* statt *creaverunt, habuerit* statt *habuit* und so noch drei weitere Formen dieser Art in einer einzigen Schulaufgabe. Andererseits werden in deutsch-lateinischen Übersetzungen indirekte Fragesätze recht oft mit Indikativ übersetzt: *cur excitavit*/*excitaverat*/*paravit*/*est* (oft). Bei der Übersetzung ins Deutsche wird das Prädikat des indirekten Fragesatzes ins Futur gesetzt (warum ... verändern *wird*) oder ein Irrealis daraus gemacht (warum ... vertauscht *hätte*).

Die Tempora sind, wie schon erwähnt, oft zu Stolpersteinen geworden: Perfekt oder Präsens statt Plusquamperfekt oder umgekehrt. Dies geht sicher zum allergrößten Teil auf Unsicherheit im Gebrauch der deutschen Sprache zurück. Formen wie „war gewesen" oder „hatte im Sinn gehabt" sind den Schülern als *deutsche* Formen einfach nicht (mehr) geläufig. Man kann die Schüler, auch wenn sie oft darüber stöhnen, gar nicht oft genug deutsche und lateinische Tempusreihen bilden lassen. Die Übungen mit Tempusreihen, die sich in ROMA I erfreulicherweise zahlreich finden, sollten ausnahmslos im Unterricht vom Lehrer gemacht u n d als Hausaufgabe gegeben werden! Eine spezielle Schwierigkeit stellen die unter der verharmlosenden Bezeichnung „Merksätze" eingeführten *unterschiedlichen Sprachstrukturen* dar. In den etwas mehr als 20 „Merksätzen" werden ganz überwiegend Erscheinungen der Kasuslehre vorweggenommen. Es zeigt sich, daß sie immer dann, wenn sie in die Schulaufgaben Eingang finden, auch zu vielen Fehlern führen.

Im Bereich der vierten Schulaufgaben sei dies gezeigt an zwei Merksätzen: In Kap. 37 steht der Merksatz: *Populus viros integros consules creat.* Analog dazu wurde in einer Schulaufgabe „. . . zum Diktator gewählt". Nicht weniger als ein Drittel aller Schüler verwendete in dieser Schulaufgabe *ad,* in einer anderen sah das Verhältnis nicht viel günstiger aus. Hier kamen vor: *ad dictatorem, ad dictatore, dictatore, dictator, dictatoris.* 14 von 26 Schülern hatten diese Wendung falsch übersetzt, ein Zeichen dafür, wie schwer ein solcher Umbau der Satzstruktur einem Zehnjährigen fällt.

In Kap. 41 steht der Merksatz: *Puero multi libri sunt.* Der *Dativus possessivus* bei *esse* führt zu Problemen. Die Wendung „Warum haben die Römer Konsuln?" formten nur ganz wenige Schüler richtig um. Trotz des mahnenden (!) nach „haben" gingen einige Schüler „auf Nummer sicher" und übersetzten *habebant* oder das, was sie als richtige Form von *habere* ansahen: *habuerint/haberent/habere/habeant.* Andere kamen auf Lösungen wie *creant,* wobei sicher die Erinnerung mitspielt, daß es sich irgendwie um einen Merksatz handeln müsse. Andere übersetzten *Romanos erant/fuerint.* Immerhin ein halbes Dutzend kam auf den richtigen Dativ *Romanis,* blieb dann aber an der Zeit hängen und übersetzte *erant* statt *sunt.*

Man sieht an diesen Fehlern, daß die Einführung so komplizierter Transformationen über Merksätze nicht möglich ist. Das Übungsbuch müßte hier gezielt und systematisch möglichst viele Übungen anbieten. Vorerst wird der Lehrer über eigene Übungsblätter „nachfüttern" müssen.

5. Fünfte Schulaufgabe/Klassenarbeit

Die fünften Schulaufgaben variieren je nach dem Termin der Pfingstferien recht stark. Sie wurden zwischen dem 2. Mai und dem 14. Juni abgehalten, liegen aber vom Stoff her nicht so weit auseinander wie die Termine dies vermuten ließen. Erreicht ist nunmehr in aller Regel der Stoff bis Kapitel 52/53/54, also der Abschluß der konsonantischen Deklination. Noch nicht behandelt sind die Adjektive der konsonantischen Deklination.

Die *Tempus- und Modusfehler* setzen sich in etwa der gleichen Art und etwa im gleichen Umfang fort, wie für die vierte Schulaufgabe beschrieben wurde. Es scheint in dieser Hinsicht auch keinen Konsolidierungseffekt zu geben wie bei den Deklinationsfehlern. Diese nämlich betreffen nur Verwechslungen im laufenden Stoff (konsonantische Deklination), aus den übrigen Deklinationen kommen so gut wie keine falsch gebildeten Substantivformen vor. Für die Tempus- und Modusfehler gilt dies leider gar nicht. In jeder einzelnen Schulaufgabe kamen zwischen 6 und 17 Modus- und zwischen 6 und 28(!) Tempusfehler vor.

Auch die Schwierigkeiten mit den „*Merksätzen*" gingen in erheblichem Maß weiter:

Dignus mit Ablativ ist dabei die fehlerträchtigste Verbindung, besonders in lateinisch-deutschen Schulaufgaben, wobei die Hinzufügung eines attributiven Adjektivs die Verwirrung noch steigert. Nur 7 von 24 Schülern übersetzten den folgenden Satz richtig: *Mores Germanorum egregia laude digni sunt.* Die anderen kommen zu teilweise abenteuerlich anmutenden Übersetzungen: ... einem vortrefflichen Lob wert/sind durch hervorragendes Lob würdig (öfter)/sind höchstem Lob würdig/sind gegen das Lob der Würde/sind durch häßliches Lob hart/die Sitten der hervorragenden Germanen sind des Ruhmes wert.

Ganz schlimm aber wird die Sache, wenn die Inhalte von zwei Merksätzen in einem Satz zusammen auftreten: Doppelter Akkusativ und *dignus* mit Ablativ. Der Satz lautet: *Cum ... iuvenis pedem bestiae sanguine rubrum videret, leonem, auxilio dignum putavit.* Die Übersetzungen sprechen für sich:

... meinte er den durch Unterstützung bedürftigen Löwen ...

... den Löwen, der Hilfe würdig (Dat.), er hat geglaubt ...

... hat er den würdigen Löwen mit Hilfe beehrt ...

... den würdigen Löwen mit Hilfe (Prädikat fehlt)
... prüfte er mit Habgier den Löwen auf Wert ...
... hat er den Löwen mit Hilfe (Auslassung) geglaubt ...
... glaubte er den Löwen einer Hilfe würdig zu sein ...
... meinte er dem Löwen (Ende der Übersetzung) ...
... glaubte er den würdigen Löwen mit Hilfe ...
... hat er dem Löwen eine würdige Hilfe eingeschätzt ...
... glaubte er den Löwen die Würde verletzt zu haben ...
... meinte er den Löwen mit Hilfe zu würdigen ...
... hat er den Löwen durch Hilfe erst gegeben ...
... durch Unterstützung meinte er den würdigen Löwen.
Immerhin viermal taucht die grammatisch richtige Version auf:
... glaubte er den Löwen einer Hilfe würdig (hielt er ...
für ...).

Angesichts solcher Schwierigkeiten in einer Schulaufgabe, die
übrigens abgesehen von diesem Satz ganz ordentlich bearbeitet
wurde, kann man nur an alle Lehrer appellieren, die Häufung
von Strukturen aus mehreren Merksätzen tunlichst zu mei-
den.

Die angesichts der zahlreichen in der fünften Schulaufgabe zu
beachtenden Genusregeln mit zahlreichen Ausnahmen eigentlich erwartbare Häufigkeit von *Kongruenzfehlern* hielt sich in
Grenzen, wie eine vollständige „Blütenlese" aus allen 5. Schulaufgaben zeigt: *sors miser, alii regiones, per tota orbe*(!), *in
regione extremo, multas menses, colles molestas, latas amnes,
valles altos, navium novorum, vox tuus, mare vasta, classis
Romani, mons altum, celeritate magno.*

Die Zahl der Fehler infolge von nicht gewußten, nicht genau
gewußten, verwechselten oder ganz ausgelassenen *Vokabeln*
steigt in der fünften Schulaufgabe steil an: Von ca. 40 solcher
Fehler im Durchschnitt aller vierten Schulaufgaben pro Klasse
auf einen Wert zwischen 70 und 100 im Durchschnitt aller
fünften Schulaufgaben. Dies bedeutet, daß nach einer Durch-
nahme von ca. 50 der 70 Kapitel des Buches die Vokabelkenntnis rapide abnimmt. Natürlich hängt dies a u c h mit der wach-

senden Zahl zu beherrschender Vokabeln zusammen (zwischen 700 und 800 Vokabeln sind es etwa bei der fünften Schulaufgabe). Aber wichtiger ist, wie Praktiker wissen, eine gewissen Unlust der Schüler, angesichts der Fülle neuer Grammatikinhalte den Wörterberg zusätzlich fast jeden Tag zu erhöhen und die „Altbestände" entsprechend zu pflegen. Abhilfe gegen diese Unlust ist schwer zu finden; der Druck häufiger Vokabel-Extemporalien erhöht nicht gerade die Lernfreude. Auch wenn ein gewisser Druck nicht fehlen kann, sollte er durch positive Verstärkung abgemildert werden, ganz im Sinn der Einsicht des Horaz (Sat. I 1,25 f.): . . . *Dant crustula blandi doctores, elementa velint ut discere prima.* Beliebt sind bei den Schülern „Kreuzverhöre", bei denen jeder Schüler einem freiwillig sich meldenden Schüler je eine Vokabel als Frage gibt. Hat der „Verhörte" zehn solcher Fragen richtig beantwortet, erhält er eine Belohnung; hat keiner der Verhörten die „10" erreicht, geht der Preis an den, der ihr am nächsten gekommen ist.

Der Vorteil dieser Methode besteht *auch* darin, daß die Schüler als Fragen natürlich *die* Wörter wählen, die als schwierig gelten.

6. **Sechste Schulaufgabe/Klassenarbeit**

In der sechsten Schulaufgabe bleiben die Probleme mit dem *Vokabular* groß; mindestens ein Drittel, in manchen Schulaufgaben sogar bis zur Hälfte aller gemachten Fehler geht auf diese Quelle zurück. Fast durchweg ist nunmehr (etwa Anfang Juli) Kapitel 63–65 erreicht. Das Passiv wird weitgehend problemlos angewandt, auch das Partizip Präsens Aktiv führt nur zu vereinzelten Fehlern: *patrem portantem* statt *portans/arderente/clamate/clamens/oppugnatium/oppugnatorum/oppugnantum.*

Etwas schwieriger scheint für Schüler das *Partizip Perfekt Passiv* zu sein (Stamm und Perfekt, Plusquamperfekt, Futur II Passiv): *vexanti sunt/delectabitus erit/sonati* (statt *sonantes*)/ *delectabuntur* (statt *delectati erunt*)/*mutantus* (statt *mutatus*). Aber insgesamt hält sich auch hier die Fehlerzahl in Grenzen.

Das bedeutet: Der eigentliche Hauptstoff (Partizipien, Passiv-Formen des Perfekt-Stamms) wird ohne größere Probleme verkraftet. Andererseits verführt natürlich die Breite und Fülle des Stoffs, der im Lauf des Jahres gelernt wurde und von dessen Verfügbarkeit der Lehrer selbstverständlich ausgeht, zu einer entsprechenden Streuung der Fehler.

Mit jeweils einer Häufigkeit von mindestens 10 Fehlern pro einzelner Schulaufgabe treten auf:

Abfragefehler (in Auswahl): In dem Tal = *in vallem/principibus* (statt *apud principes*)/*de vita desperans* = über dem zweifelnden Leben/*sors* (statt *sortem*)/*multi anni* (wie lang?)/*dolum* (statt *dolo*)/an die Weisheiten *(memores sapientiae)/vias* (statt *viae*)/*animos hominibus* (statt *hominum*)/Greise durch irrende Wege *(senes per vias errantes)/gaudia* (statt *gaudiis*)/auf den Bergen (statt auf die Berge)/*per laetitiam* (durch die Freude).

Weiter finden sich *Kongruenz- und Genusfehler: magnus pars/ libertatis antiquo/pars magna administratus est/memor erant* (oft)/*cives miserae/suis matris/matris sua/partem magnum/ ventre equi occulto* (statt *occulti*)/*vis magnus/vis tantus/vexatus sumus/levis eramus.*

Ziemlich oft tritt eine *Verwechslung von Singular – Plural* ein, auch in lateinisch-deutschen Übersetzungen.

Wenn *Verbalformen falsch gebildet* werden (selten), dann kommen krasse Mißbildungen heraus (komplett aus allen sechsten Schulaufgaben): *incitaberit/studevit/habuerent* (als Konjunktiv Imperfekt)/*necaverent* (als Konjunktiv Imperfekt)/*se paraverat* (er hatte sich vorbereitet)/*se studuit/terrevit/terravit/necabumur/florantes/mutabint/vexar/vexis* (statt *vexaris*)/*clamens.*

Die *Präpositionen* werden, von extrem wenigen Ausnahmen

abgesehen, mit den richtigen Kasus gebraucht, nur *ab* bei Passivformen fehlt sehr oft.

Die *Modus- und Tempusfehler* kommen in dem mehrfach beschriebenen Umfang weiterhin vor.

Deklinationsfehler nehmen zumindest nicht weiter zu (vollständige Aufzählung): *omne anno/vehemente/veterium/iuves* (statt *iuvenes)/feroxium/ferocum/virgiles/miles* (statt *milites)/iuvenium/audaxes/felixis/celebre* (statt *celebri)/memori estis* (öfter)/*levi* (statt *leves)/semines/dive* (statt *divite)/verberis* (statt *verberibus*).

Nach wie vor groß bleiben die Schwierigkeiten mit den Merksätzen. Am Beispiel *memor* sei dies noch ein letztes Mal ausführlich gezeigt: Immer wenn singende Vögel und blühende Blumen uns umgeben, *denken wir nicht mehr an die Schulaufgaben* (= sind wir nicht mehr der Aufgaben der Schule eingedenk):

memor labores/memor sunt/memor sumus (14×)/*officiis memores sumus/memorum sunt/memorum erimus/memoria sumus/negotiis memor sumus/memori sumus* (5×).

Die *Satzkonstruktionen* werden am Ende des ersten Lateinjahres wegen der oft in geschlosssener Wortstellung verwendeten Partizipien und wegen der doch schon recht großen Zahl möglicher Nebensätze (*ut, quia, quod, cum* mit Indikativ und Konjunktiv, *si, nisi, donec, quamquam,* indirekte Fragesätze) länger und schwieriger. Hier verlieren die Schüler oft den Überblick, welches Partizip zu welchem Substantiv gehört, was Haupt- und was Nebensatz ist, und geraten, wie schon früher angedeutet, sehr oft beim Übergang vom Neben- zum Hauptsatz und umgekehrt in Verlegenheit. Nicht selten brechen sie dann die Übersetzung des unbewältigbaren Gebildes einfach ab.

Zwei etwas schwierigere Sätze sollen verdeutlichen, welchen Schwierigkeiten sich Schüler am Ende der 5. Jahrgangsstufe gegenübersehen und welche Lösungsstrategien sie dabei entwickelt haben:

1. Beispiel: *Certo die concursus virium utrimque* (Angabe)

animis fortibus pugnantium silvas Germaniae clamore ingenti implevit.

An dem Tag des Zusammenlaufs hat das gewaltige Geschrei der Männer, die kämpften, den Wald der Germanen erfüllt.

Geschrei ... aus tapferen Seelen ...

Das Zusammenlaufen der Streitkräfte und andererseits der mit den tapferen Herzen Kämpfenden erfüllte ...

... der Zusammenlauf kämpfender Männer auf beiden Seiten mit starken Herzen ...

... mit dem kräftigen Herzen der Angreifenden...

... der Zusammenlauf auf beiden Seiten der mit tapferem Herzen Bekampften hat den Wald mit ... Geschrei der Germanen ...

... auf beiden Seiten durch die kräftigen Herzen der Kämpfenden ...

Mit Sicherheit am Tag wird der Zusammenlauf der Männer beiderseits mit dem tapferen Herzen kämpfend in die Wälder mit riesigem Geschrei der Germanen angefüllt.

Nahe am Tag des Zusammenlaufs füllt er ein ungeheures Geschrei (Ende der Übersetzung)

An einem biederen Tag erfüllte das Zusammenlaufen der Männer auf beiden Seiten mit tapferem Herzen den Wald ...

2. Beispiel: (Die Hauptschwierigkeit dieses Satzes besteht in der Voranstellung des indirekten Fragesatzes):

Sed quantum periculum natura loci ignota Romanis instaret, tali re demonstrabatur (keine Quantitätsangabe bei *natura ... ignota!*).

Aber die riesige Natur des Platzes setzt den Römern eine wie große Gefahr zu durch folgendes wurde diese Sache gezeigt.

Aber den Römern setzte die große Gefahr der unbekannten Geländebeschaffenheit zu, was durch folgende Sache gezeigt wird.

Aber eine wie große Gefahr der Natur des Ortes umstand unbekannt, mit so beschaffenem Ding . . .

Aber welche große Gefahr würde der des Ortes nicht wissender Natur den Römern bevorstehen . . .

Aber die den Römern unbekannte Natur des Ortes stand der wie großen Gefahr ein, wie es so große Sorgen zeigen werden.

Aber eine wie große Gefahr stand den Römern bevor . . .

Aber den Römern stand eine wie große Gefahr bevor . . .

Ähnliche Fehler wie die hier beschriebenen finden sich bei komplizierterem Satzbau in allen 6. Schulaufgaben; aber es muß gerechterweise zugestanden werden, daß die Anforderungen hier an der obersten Grenze des für Schüler noch Zumutbaren liegen.

Es fragt sich, ob so massive Fehler durch vorbeugende Maßnahmen des Lehrers aufgefangen werden können. Teilweise dürfte dies wohl möglich sein; denn solche Konstruktionen können vor der Schulaufgabe an ähnlichen Übungssätzen vorgeübt werden. Am besten geschieht dies durch Verwendung eines Overhead-Projektors, mit dessen Hilfe im sog. Overlay-Verfahren gearbeitet werden kann. Der Lehrer projiziert erst den Hauptsatz, läßt ihn übersetzen und legt dann über die Folie mit dem Hauptsatz eine zweite Folie, möglichst in anderer Farbe. Sie enthält den wichtigsten Nebensatz. Gegebenenfalls kann man mit Hilfe einer zweiten, dritten, vierten, fünften usw. Folie alle weiteren Ergänzungen darüberlegen, wenn möglich, natürlich wiederum mit jeweils anderer Farbe. Man kann jederzeit, wenn ein Schüler den Überblick verliert, zum Hauptsatz und zu jedem weiteren Nebensatz zurückkehren.

Am oben verwendeten Beispiel sähen die Folien so aus:

1. Folie: concursus virium   silvas implevit.
2. Folie: pugnantium
3. Folie: utrimque animis fortibus
4. Folie: Certo die   Germaniae[xx]
5. Folie: xx clamore ingenti

Die Folien müssen selbstverständlich in Breitformat ausgeführt sein, so daß der ganze Satz auf der Folie in *einer* Zeile untergebracht ist.

Wer als erfahrener Praktiker die Ausführungen bis hierher verfolgt hat, wird sicher einwenden, daß dem Problem der Vokabelkenntnis viel zu wenig Aufmerksamkeit gewidmet wurde. In den Ausführungen über die fünften Schulaufgaben wurde auf einige Gründe hingewiesen, warum die Vokabeln ein zentrales Problem des Lateinunterrichts sind. Es würde freilich den Rahmen dieser Untersuchung völlig sprengen, differenziert die vielfältigen Schwierigkeiten des Vokabellernens und deren Auswirkungen auf einzelne Schüler darzustellen. Dies müßte einer besonderen Untersuchung vorbehalten bleiben.

Fassen wir, abgesehen vom Problem der Vokabeln, das Ergebnis dieser Ausführungen zusammen:
Ein nicht unerheblicher Teil der Fehler, die von den Schülern im ersten Lateinjahr gemacht werden, läßt sich in seinen Ursachen recht genau beschreiben und durch geeignete Übungen zumindest teilweise vermeiden. Wenn sich durch die Anregungen aus der Fehleranalyse für jeden Schüler wenigstens 2–3 Fehler vermeiden lassen, haben sich Aufwand und Mühe gelohnt. Es könnte so erreicht werden, daß das bewährte Übungsbuch ROMA I mit noch größerem Gewinn für Eltern, Schüler und Lehrer eingesetzt werden kann.

Klaus Westphalen

Einige Monita zum lateinischen Sprachunterricht

Mit kritischen Anmerkungen zur Schulbuchgestaltung

*„Man muß stets den zurückholen, der
das Einfache vergißt."*
(Gerhard Priesemann,
Lehrer der Alten Sprachen, Professor
für Pädagogik)

1. Sprache und Bildung

Lateinunterricht im Jahre 2000 – das ist ein pädagogisches
Paradox, das seinesgleichen nicht hat. Wo auf Erden finden wir
Kulturen, Zivilisationserscheinungen, Traditionen, deren Le-
bendigkeit derart über mehr als 2000 Jahre angehalten hat,
obwohl ihre Kommunizierbarkeit von Jahrhundert zu Jahrhundert abnimmt? Man kann es nicht anders als ein Wunder
bezeichnen, wenn in der Bundesrepublik Deutschland heute
jeder siebente Schüler wenigstens die Anfangsgründe jener
angeblich toten Sprache erlernt.

Daß Latein als traditionelles Charakterfach des deutschen
Gymasiums seine Position nicht nur behauptet, sondern noch
ein wenig ausgebaut hat, ist auch in Europa singulär. Das
Phänomen ist für viele schwer erklärbar: Wieso eigentlich
haben die Länder romanischer Zunge ihre sprachliche Grundlage weniger liebevoll gepflegt als deutsche Pädagogen die
angeblich fremde, „antike" Sprache?

Es scheint uns, als sei das „Wunder" nicht zuletzt damit zu
begründen, daß nirgendwo der Zusammenhang zwischen Sprache und Bildung tiefer reflektiert worden ist als in deutscher
Tradition und Gegenwart. Humboldts Gedanken darüber (um
nur diesen Kronzeugen zu nennen) sind nach wie vor wirksam –
sie bestimmen, bewußt oder unbewußt, einen nicht geringen

Teil der für pädagogische Entscheidungen Verantwortlichen. Auch viele Eltern lassen sich von der Konzeption des Bildungsfaches Latein überzeugen, selbst wenn berechtigte pragmatische Interessen bei ihnen hinzukommen.

In den 90er Jahren steht aber die Erhaltung der europäischen Fundamental- und Bildungssprache Latein vor einer neuen, großen Bewährungsprobe. Das Zusammenwachsen Europas, nicht nur der EG, ruft eine neue Sprachenpolitik hervor – darin sind sich Wirtschafts- und Bildungspolitik einig. „Europakompetenz" als Leitziel verlangt Bilingualismus für alle, polyglotte Fähigkeiten für viele. Dem deutschen Gymnasium werden Angebot und Vermittlung von mindestens drei Fremdsprachen zugedacht. Mit welchen Bildungsargumenten, mit welcher Didaktik und Methodik wird es gelingen, dem Lateinunterricht seine bedeutende Rolle im Bildungswesen auch des vereinten Deutschland zu sichern?

Die Weiterexistenz des Lateinunterrichts wird, auf eine einfache Formel gebracht, von den Lateinschülern der Zukunft abhängen. Sie werden immer seltener aus humanistisch geprägten Familien kommen, immer weniger eine bürgerlich-literarische Vorbildung mitbringen, sie entstammen mehr und mehr einer breiten, aufstiegsorientierten Mittelschicht, die im allgemeinen vom Wert einer leistungsorientierten Schulbildung schon aus pragmatischen Gründen überzeugt ist. Die Kluft zwischen der Mentalität, speziell dem „Apperzeptionsapparat" unserer Jugend, die das 21. Jahrhundert bestimmen wird, und den Denkstrukturen jener Autoren des Altertums, von denen der Lateinunterricht lebt, diese Kluft ist ohne Zweifel beträchtlich – mit der Formel vom nächst Fremden sollten sich die Altsprachler nicht beruhigen.

Fazit: Wenn der Lateinunterricht das Jahr 2000 ungeschmälert erreichen soll, müssen die Didaktiker des Lateinunterrichts weit mehr als bisher ihr Interesse auf ihre Abnehmer, die Lateinschüler, richten. „Kinder sind heute anders, als wir sie wollen und uns sie vorstellen", sagt der Pädagoge HARTMUT

v. Hentig (der übrigens bis zu seiner kürzlichen Emeritierung an der Laborschule Bielefeld Latein unterrichtete). Für den Lateinunterricht heißt das: Wenn Kinder des Industrie- und Informationszeitalters bereit sind oder motiviert werden, die lateinische Sprache zu erlernen, so müssen wir ihnen dafür dankbar sein (sic!), ihnen durch einen vertretbaren, humanen Anspruch entgegenkommen und sie durch einen offenkundigen *Bildungsgewinn* zu Vertretern unserer Sache machen. Jedes Abstoßen von Schülern durch unnötige Erschwerung, übertriebene Komplizierung ist selbstmörderisch.

2. Latein als anspruchsvolles Fach

„Latein ist ein anspruchsvolles Fach. Es scheint den Anspruch des Gymnasiums idealiter zu repräsentieren. Insofern gerät es natürlich am ehesten in den Strudel einer Tendenz, die Schülerbeanspruchung schlechthin als Schülerbelastung diskreditiert. Es ist für den Lateinunterricht von existentieller Bedeutung, daß diesem Mißverständnis durch Humanisierung der Ansprüche entgegengewirkt wird." Diese Sätze, die ich vor zehn Jahren schrieb, wurden seinerzeit mit einer Reihe von Schwierigkeiten belegt, durch die sich der Lateinunterricht in besonderer Weise „auszeichnet": Lateinische Texte sind fremdartig, vorzugsweise anspruchsvolle literarische Texte, bedeuten in der Regel eine Verfrühung für den Schüler, sind im allgemeinen nicht kindgemäß. „Strenge geistige Zucht sowohl am sprachlichen Ganzen als auch an jeder Einzelheit des Textes ist also ... der wohl unverzichtbare Anspruch." Latein stellt, wenn man den Ausführungen der Lernzieldidaktik folgt, auf kognitivem Gebiet Ansprüche in den vier Leistungsbereichen Sprache; Literatur; Gesellschaft, Staat, Geschichte; Grundfragen menschlicher Existenz.
Wozu diese Zitate aus einem vor einem Jahrzehnt veröffentlichten Aufsatz (Anregung 26, 1980, 358ff.)? Ich muß sie in

Erinnerung rufen, da ich befürchte, daß die lateinische Didaktik und wohl auch die lateinischen Lehrbücher der Gegenwart daraus nicht die hinreichenden Konsequenzen gezogen haben. Obwohl die Schülerpopulation des deutschen Gymnasiums sich ohne Zweifel in eine Richtung verändert, die nicht der traditionellen Klientel des Lateinunterrichts entspricht (diese soziale Öffnung ist natürlich zu begrüßen), kann von einer Vereinfachung des Lateinunterrichts und einer wirklichen Lernentlastung der Schüler kaum die Rede sein. Daß eher das Gegenteil der Fall ist, soll der nächste Abschnitt dartun.

Wenn MAROUZEAU Latein eine Sprache nennt, „die von Grammatikern zur Plage der Schüler erfunden scheint", so ist das zwar polemisch überspitzt, doch kann nicht bestritten werden, daß im Lateinunterricht den formalen Methoden der Texterschließung unvergleichlich mehr Zeit und Raum gewidmet werden müssen als in den Konkurrenzfremdsprachen Englisch und Französisch. Ich beobachte eine gegenläufige Bewegung, die zu erheblichen Bedenken Anlaß geben muß: Während beim Erlernen der modernen Fremdsprachen die Bewußtmachung von grammatischen oder linguistischen Problemen tendenziell fast völlig vermieden wurde, um dem Lernziel kommunikative Kompetenz nicht die Unbefangenheit zu nehmen, versucht eine breite Strömung gegenwärtiger Fachdidaktik im Lateinunterricht das Lernziel Sprachreflexion auf eine Anspruchsebene zu heben, die zwar von höchstem wissenschaftlichen Niveau gekennzeichnet ist, der Aufnahmefähigkeit vieler Schüler aber nicht entsprechen kann. Statt die Metasprache der „Grammatik" (im weitesten Sinne) zu erleichtern und einzuschränken, werden das Begriffsarsenal und damit die zu erlernenden Konzepte reichlich vermehrt.

Fazit: „Man muß stets den zurückholen, der das Einfache vergißt." Angesichts der beschriebenen neuerlichen Bedrohung des Lateinunterrichts und angesichts des aktuellen geistigen Habitus der Mehrheit unserer Gymnasialschüler halte ich dieses Monitum für ein Gebot der Stunde.

3. Erhellung durch Texterschließung?

Der Lateinschüler, der einen ihm unbekannten Text verstehen soll, befindet sich, so wurde unlängst ein treffender Vergleich gezogen, in einem verdunkelten Zimmer, in dem er die darin befindlichen Gegenstände nicht einmal sehen, geschweige denn identifizieren kann. Sein Lehrer jedoch unterrichtet in dem gleichen, diesmal aber hell erleuchteten Raum, überblickt das Ganze, sieht das Einzelne scharf. Unterricht hätte dann die Aufgabe, auch den Schüler hellsichtig zu machen – nicht mit dem Zauberinstrument des Lichtschalters, der mit einem Mal alle Sehprobleme löst, sondern durch allmähliche, sukzessive Aufhellung der Gegenstände.

Die Lichtquelle, von der die Erhellung ausgeht, nennt die altsprachliche Didaktik heute Texterschließung. Der Begriff wird oft semantisch verengt, reicht in Wirklichkeit vom Erkennen spezieller Signale als Voraussetzung der Worteinordnung bis hin zur anspruchsvollen philologischen Interpretation und zum „existentiellen Transfer". Oder, in Anlehnung an den Aufbau einer modernen lateinischen Grammatik, der Kurs gliedert sich in Syntax und Morphologie, Semantik, Textgrammatik, Texterschließung im engeren Sinn und Interpretation.

Kein Zweifel, dies alles zu erlernen ist ein extrem hoher Anspruch, der dem Schüler schwerfällt. Wir packen in seinen Rucksack nicht nur das Schwergewicht der Texte selbst, die in Distanz zum Heute stehen. Wir legen ihm noch die traditionelle Grammatik (Syntax und Morphologie) hinein und stopfen – seit dem letzten Jahrzehnt etwa – noch linguistische Modelle, vor allem Dependenzgrammatik und Textgrammatik, oben drauf. Latein ist auf diese Weise wahrlich schweres Gepäck.

Die „Linguistisierung" des Lateinunterrichts verdiente eine eingehende kritische Analyse, wie sie in diesem Band nur sporadisch geleistet werden kann. Die Kontroverse darüber, die neuerdings vor allem im „Altsprachlichen Unterricht" geführt wird, ist fruchtbar: Man muß stets den zurückholen, der das Einfache vergißt; man muß aber auch den anschieben, der träge verweilt.

Folgende fast banale Einsichten müssen gegen eine drohende Überschätzung und Überspitzung des linguistischen Texterschließungsmodells in Erinnerung gebracht werden:

- Die weitgehende Übernahme der Linguistik in die Didaktik von Schulfächern ist ein klassisches Beispiel der (überzogenen) Verwissenschaftlichung des Unterrichts (wie sonst etwa die Mengenlehre im Mathematikunterricht). Die Didaktik des Deutschunterrichts hat sich von Überspitzungen dieser Art schon längst wieder distanziert.
- Die Art der Texterschließung, welche das Textganze *vor* dem Verstehen des Einzelsatzes begreifen will, mißachtet nicht nur das Gesetz der Sukzessivität des Verstehens. Sie verlangt von einem (Halb-)Blinden die Übersicht gleichsam mit Weitwinkelobjektiv.
- Das linguistische Texterschließungsmodell ist für das *erste Verstehen* somit nur selten geeignet. *Nach* der Übersetzung als realistische Kontrolle des Verstehens ist es allerdings einer intensiven formalen Reflexion des Textes durchaus dienlich und folglich zu begrüßen.
- Die Texterschließungslinguistik hat bisher – wenn ich recht sehe – keinerlei Beweise erbracht, daß ihre Modelle und Methoden in gleicher Weise wie für die Erschließung der Muttersprache auch für die (Erst-)Erschließung der Fremdsprache gelten.
- Wenn die umfassende Anwendung textlinguistischer Erschließungsverfahren favorisiert und in Richtlinien (z. B. für Gesamtschulen in Nordrhein-Westfalen) vorgeschrieben wird, so sind die Verfechter solcher Methoden zu fragen, ob sie im Blick auf die Lateinschüler-Population die Entwicklungspsychologie, Lernpsychologie und das Prinzip der Linearität des Lehrgangs hinreichend berücksichtigt haben.

- Die Metasprache der Textlinguistik müßte, wann immer die einschlägigen Verfahren mit fortgeschrittenen Schülern zur Sprachreflexion angewendet werden, auf ein vertretbares Mindestmaß beschränkt werden. Teils nämlich, so lautet mein Verdacht, werden Banalitäten mit Scharfsinn und Wortgeklingel zelebriert (z. B. die Thema-Rhema-Diskussion), teils werden Schüler mit zwar wissenschaftlich interessanten, aber im Unterricht entbehrlichen Begriffen eingedeckt.
- Die Didaktik des Englischunterrichts würde nicht im Traum daran denken, den Englischschülern in den Anfangsjahren derart subtile Analysen von Texten zuzumuten, auch wenn die Zeit des reinen pattern drill vorbei zu sein scheint. Der Deutschunterricht hat niemals ein derart rigoros linguistisches Textverstehen vom Ganzen her verlangt. Das zentrale Mißverständnis der linguistisch orientierten Lateindidaktik besteht aber vor allem darin, daß man meint, wissenschaftliche linguistische Erkenntnisse, die auf eine *verfügbare* Sprache bezogen sind, auf eine unverfügbare (Fremd-)Sprache zu übertragen, in der Annahme, diese könne dadurch verfügbarer gemacht werden.

Fazit: Die textlinguistische Methode bedarf im Altsprachlichen Unterricht einer kritischen Revision und einer Reduktion ihrer Reichweite. Sie mag zur Erhellung sprachlicher Strukturen gelegentlich vor, meist jedoch nach der Übersetzung mit Gewinn verwendet werden, als *dominierende* Texterschließungsmethode begegnet sie stärksten Bedenken.

4. Textprinzip in Unterrichtswerken

Ein unbestreitbares Verdienst der Textlinguistik ist es, daß sie die im lateinischen Übungsbuch früher übliche Aneinanderreihung unzusammenhängender Einzelsätze endgültig verdrängt hat. Angebahnt wurde diese Entwicklung allerdings aus motivationalen und didaktischen Gründen längst vor Aufkommen der Linguistik. So stellte das von JOSEF LINDAUER und dem Verfasser herausgegebene lateinische Unterrichtswerk ROMA seit 1974 konsequent einen längeren Text in den Mittelpunkt der Lektion und brach damit mit einer althergebrachten bayerischen Schulbuchtradition.

Auf der anderen Seite werden heute nicht selten von den Vertretern einer extremen Textlinguistik Forderungen an die Lehrbuchgestaltung im Lateinunterricht gestellt, die den Verfassern eines schülergerechten Übungsbuches die Arbeit erschweren und den Lehrern, die solche Bücher benutzen, ein schlechtes Gewissen einreden wollen. Hierzu noch einige sehr schlichte Erinnerungen:

- Die Übungsbücher im Lateinunterricht vermitteln einen sprachlichen *Grundkurs.* In dessen Mittelpunkt müssen selbstverständlich Morphologie und Syntax stehen, denn ohne gründliche Kenntnisse auf diesen Gebieten ist Latein in der Tat ein einziges „Ratespiel". (Keine moderne Fremdsprache wird übrigens anders gelernt.) Es darf daher nicht verpönt sein, ein Sprachlehrbuch nach diesen Kategorien zu strukturieren.
- Die Einzellektionen haben demnach primär ein morphologisches und/oder ein syntaktisches Thema (das *sekundär* natürlich durch semantische, textpragmatische und textgrammatische Übungen wie auch durch Interpretation ergänzt werden sollte).
- Das morphologische und/oder syntaktische Phänomen, das neu eingeführt werden soll, wird in den Texten der Lektion

häufiger als im statistischen Durchschnitt verwendet – z. T. sogar wesentlich häufiger. Kunsttexte werden zu diesem Zweck verfaßt, die *neben* dieser Phänomeneinübung noch einer inhaltlichen, textpragmatisch bedeutsamen Linie folgen.

- Niemand ist berechtigt, solchen Texten den Textcharakter abzusprechen. Ihre Kohärenz ist durch den sachlichen Inhalt und durch die Formenzusammenstellung gegeben, ihre *didaktische* Intention ist ebenso legitim wie z. B. eine appellative Intention bei rhetorischen Produkten oder eine informative Intention bei Sachschriften.
- Schüler, nicht zuletzt Lateinanfänger, lesen – wie alle Leser – Satz nach Satz; Verstehen vollzieht sich somit „sukzessiv". Das Textverstehen ist vom Satzverstehen abhängig, nicht umgekehrt.
- Die Maximalforderung, Texte in Übungsbüchern müßten Originallatein sein, wurde schon oft widerlegt – sie ist von der Wissenschaft her gedacht, nicht vom Schüler. Ein Originaltext ist zwar (in der Regel) reicher, komplexer und anspruchsvoller als ein Kunsttext, aber damit keineswegs leichter und motivierender – für jene, die mühsam ein schweres Fach erlernen.

Fazit: Nehmen wir uns ein Beispiel an neusprachlichen Lehrbüchern. Sie sind frisch, unkompliziert, unbelastet von wissenschaftlichen Symbolsystemen. Sie scheuen sich nicht, in der Lektion das neue Phänomen in (unnatürlicher) Häufung anzubieten.

5. Ziel: eine humanistische Grammatik

Aus den beiden vorausgehenden Abschnitten läßt sich erse-
hen, worin der hauptsächliche Wert linguistischer Erkenntnisse im Lateinunterricht liegt: erstens in der wissenschaftlichen Begründung der ans Lehrbuch gerichteten Forderung,
dem Schüler die römische Welt und Literatur in zusammenhängenden Texten, in Kontexten, vorzustellen, und zweitens in
einem methodischen Modell, die im ersten Anlauf durch Übersetzung vorläufig verstandenen Texte in Feinanalyse noch ein-
gehender zu begreifen, sofern dies unter dem Aspekt der
Zeitökonomie im Einzelfall notwendig erscheint. Als Methode
der *Ersterfassung* lateinischer Texte sind linguistische Ansätze
kaum geeignet – sie führen zum ominösen „Ratespiel".

Das Erziehungsziel des Lateinunterrichts ist kein Linguist, kein
Sprachgelehrter, der die *formalen* Bezüge einer Sprache bis in
ihre feinsten Verästelungen bloßlegen kann. Vielmehr soll der
Lateinschüler das Sprachmedium soweit decodieren können,
daß er den in den überkommenen Texten enthaltenen Sinnge-
halt herausarbeiten und in Bezug auf seine eigene Existenz
setzen kann.

Der Lernziele im Lateinunterricht sind so viele, daß ein mono-
polisierender Linguistikansatz nicht tragbar ist. Der Zusammenhang von Sprache und Bildung, so haben wir eingangs
vermutet, hat das Fach Latein bis heute am Leben erhalten.
Folglich muß es auch weiterhin durch einen reichen, umfassenden Bildungsbegriff legitimiert werden.

Fazit: Lateinunterricht darf nicht zur Textgrammatik werden.
Wichtiger ist eine *humanistische Grammatik,* die sich mit
Denkmodellen menschlicher Existenz auseinandersetzt und
nach der conditio humana einst und jetzt fragt.

6. Überforderung aufgrund der Methode?

Das Kernproblem der altsprachlichen Didaktik ist der sukzessive oder integrale Zusammenhang zwischen der sog. Spracherwerbsphase und der Lektürephase, oder, anders ausgedrückt, die Integration formaler und materialer Bildungselemente. Pauschal läßt sich feststellen, daß frühere Lehrpläne, z. B. in Bayern, einen fünfjährigen Nur-Sprachkurs forderten, was sich dann in Übungsbüchern niederschlug, die zu 90% aus Einzelsätzen bestanden. Heute wird gefordert, von Anfang an im Sprachlehrgang bereits „Lektüre" zu betreiben, was sich in inhaltlich wertvollen Lesestücken der Übungsbücher ausdrückt.

Man kann diese erfreuliche Entwicklung bis zum Extrem treiben, wenn bereits im Anfangsunterricht das ganze Arsenal der Dependenzgrammatik und linguistischen Texterschließungsmethoden angewendet werden soll. Gilt hier nicht WOLFGANG KRAMPS Warnung vor der „Überforderung aufgrund der Methode"? „Sie tritt überall dort auf, wo sachlogisch oder psychologisch notwendige Aneignungsstufen übersprungen werden, wo man also den Begriff vor der Anschauung, die Form vor dem Inhalt, die Lehre vor der Erprobung darbietet . . ." Auch sei an alte didaktische Prinzipien eines behutsam sich steigernden, sukzessiv-linearen Kurses erinnert: vom Einfachen zum Schweren, vom Konkreten zum Abstrakten, vom Einzelnen zum Allgemeinen, vom Bekannten zum Unbekannten, von der Sache zum Zeichen usw.

Ich befürchte, daß der lateinische Anfangsunterricht diese und ähnliche Prinzipien, die Adolf Diesterweg 1835, aber noch heute lesenswert zusammengestellt hat, nicht selten mißachtet. Über den sprachlichen Kern lagert sich gleich zu Anfang die Schale der Morphologie und Syntax, daran schließen sich weitere Schalen wie Dependenzgrammatik und Textgrammatik. Wird dadurch nicht die Komplexität des Lateinunterrichts in kaum kindgemäßer Weise gesteigert?

Wenn Diesterweg forderte: „Unterrichte nicht wissenschaftlich, sondern elementarisch!", so werden wir ihm heute in der Ausschließlichkeit nicht mehr folgen. Doch elementarisches Unterrichten sollte der Lateinunterricht wieder lernen. Die Didaktik wird die Bedeutung der *Grundkenntnisse* im Lateinunterricht neu entdecken und die Erkenntnis wiederbeleben müssen, daß Verstandesprozesse und Texterschließungsfähigkeiten nicht verfrüht forciert werden dürfen.

Fazit: Das Repertoire von Texterschließungsmethoden im Lateinunterricht muß dem Schüler entsprechend seinem Alter vorsichtig dosiert und nicht gleich zu Anfang beigebracht werden. Keine Methode darf verabsolutiert werden, ob sie nun Konstruktionsmethode, Drei-Schritt-Methode, linguistische Texterschließung (Textgrammatik) oder anders heiße.

7. Aufwertung lernpsychologischer Ergebnisse

Primäre Aufgabe der Übungsbücher ist es, in einem Grundkurs den Schülern die fundamentalen Strukturen, Begriffe und Signale der lateinischen Sprache zu vermitteln, sie in ihrem Geiste zu verankern. Daß dabei Sprachverständnis schlechthin mitgeteilt wird, ist ein Lerngewinn, der wohl zu Recht von der Lateindidatik gegenüber anderen Didaktiken reklamiert wird. Eine Fehlentwicklung wäre es jedoch, wenn nun der Lateinunterricht auch quantitativ alle modernen Einsichten über Sprache, also die wissenschaftlichen Erkenntnisse der Linguistik, in sein Programm übernähme. Statt dessen muß ein Ausgleich des didaktischen Programms durch Beachtung lernpsychologischer Ergebnisse gesucht werden.

Hierfür müssen Lateinschüler eine zweifache Kompetenz erwerben:

– den schrittweisen Aufbau einer geordneten kognitiven Struktur, in welcher der lateinische Wortbestand, die Morphologie und Syntax sowie die Semantik vernetzt werden, und

– die *wachsende* Fähigkeit, lateinische Texte aus ihren Einzel-
elementen (Sätzen etc.) und dem Textganzen heraus zu
erschließen.

Zur zuletzt genannten Kompetenz sind in den vorigen Abschnitten einige Monita vorgetragen worden. Das Knüpfen des
kognitiven Netzes läßt sich mit Hilfe der kognitiven Lernpsychologie, vor allem in Anschluß an PIAGET und seinen Schüler,
den Didaktiker HANS AEBLI, sowie den amerikanischen Lern-
theoretiker DAVID P. AUSUBEL, dessen Bedeutung für den
Lateinunterricht bereits 1979 in einem verbreiteten Didaktik-
lehrbuch erschlossen wurde, vornehmen.

Das kognitive Netz wird Masche für Masche gestrickt. Neue
Konzepte werden in bereits beherrschte Strukturen eingereiht
– „Integrationshilfen" (W. EINSIEDLER) tragen zum „struktu-
rellen Lernen" (AUSUBEL) bei. „Algorithmische Vorschriften
und heuristische Regeln" sind dabei unverzichtbar (L. KLING-
BERG). Am Ende sollte eine „Ordnung der Vorstellungswelt"
entstehen (TH. WILHELM), in der alle Elemente im Referenz-
rahmen gewußt, verstanden und zugeordnet werden.

Fazit: Die Struktur eines unbekannten lateinischen Textes
kann vom Schüler nur erfaßt werden, wenn er sie in die
Gesamtstruktur der lateinischen Sprache einzuordnen versteht. Solange er diese Gesamtstruktur noch nicht überblickt,
sind auf die jeweils erreichte Kompetenz reduzierte Kunsttexte
in den Lehrbüchern berechtigt und lernpsychologisch gefordert. Neue Begriffe und Konzepte dürfen nur in wohlüberleg-
ter Feindosierung, nicht aber massiert und verfrüht angeboten
werden.

8. Methodenvielfalt durch das Sprachlehrbuch

Sprachlehrbücher im Lateinunterricht sollten *polymethodisch* angelegt sein, nicht nur um dem Lehrer Methodenfreiheit zu gewähren, sondern auch um bei gegebener logischer Struktur der lateinischen Texte den unterschiedlichen Denkstrukturen der Schüler entgegenzukommen. Das von JOSEF LINDAUER und dem Verfasser herausgegebene lateinische Unterrichtswerk ROMA, Ausgabe B, enthält aus diesem Grunde in den meisten Lektionen ein dreifaches Angebot von Texten:

- Der sog. E-Text zur Einführung oder Ergebnissicherung stellt das neu zu lernende Grammatik-Phänomen, also den neuen „Ankerbegriff" (AUSUBEL) in einer kleinen Anzahl leichter, meist thematisch bekannter Sätze vor, die in der Regel als Kontext begriffen werden. Damit kann das Knüpfen des kognitiven Netzes auf das neue Konzept konzentriert werden, inhaltliche Ablenkungen oder gar sprachliche Komplikationen sind weitgehend abgeschirmt. Die Aufmerksamkeit der Schüler ist von allem überflüssigen Beiwerk entlastet.

- Der sog. L-Text dient zur Lektüre. In ihm ist zwar auch noch eine Phänomenhäufung zu verzeichnen, doch ist er inhaltlich so sinnerfüllt, daß an ihm – neben der Einübung des neuen Grammatikphänomens – auch allgemeine Übungen zur Texterschließung und Interpretation durchgeführt werden können.

- Der sog. Z-Text bringt zusätzlich kleine Originalstücke, die im Kontext inhaltlich zum L-Stück passen, sprachlich aber in keiner Weise an das Grammatikphänomen adaptiert sind. Infolge reichlich gegebener Wortschatz- und Übersetzungshilfen erlaubt dieser Abschnitt bereits recht früh die Einübung in den „Ernstfall" der Originallektüre.

An derartigen Texten kann das reiche Repertoire des lateinischen Grammatikunterrichts voll entfaltet werden. Die Lehrkraft kann entscheiden, ob sie induktiv oder deduktiv vorgehen will, ob sie z. B. Einsichten in die Valenz des Verbums textunschädlich am E-Stück vermitteln will, ob sie linguistische Texterschließungsverfahren in L oder Z einüben möchte usw. Daß E und L Kunsttexte sind, diskreditiert sie keineswegs. Wir haben schon betont, daß eine didaktische Intention eines Textes nicht minder berechtigt ist wie jede andere mit einem Text verbundene Absicht.

Fazit: Die Lehrbuchgestaltung darf nicht allzu rigiden Vorschriften oder gar einem monistischen Prinzip unterworfen werden. Im Vordergund steht der Grundkurs in Morphologie und Syntax, doch sollte dieser so flexibel gestaltet sein, daß das erweiterte Methodenrepertoire variabel angewendet werden kann.

9. Plädoyer für das Einfache

Die vorgelegte Serie von Monita zum lateinischen Sprachunterricht und zur Schulbuchgestaltung mag manchen Lesern als Selbstverständlichkeit, vielleicht sogar Banalität vorgekommen sein, andere, besonders die entschiedenen Vertreter der Textgrammatik, mögen sich mißverstanden fühlen und zu Widerspruch herausgefordert sehen. Wenn kein Anlaß zu den „Erinnerungen" bestünde, wäre ich glücklich darüber; wenn ich zu unrecht das Monopol einer stark wissenschaftlich orientierten Methode befürchtete, wäre ich im Interesse der Schüler beruhigt.

Absicht dieser Zeilen war ein Aufruf zur Bescheidenheit, die Mahnung, wissenschaftlichen Ehrgeiz und die Freude am sprachlogischen Tüftelspiel zu Hause zu lassen. Wenn es darum geht, auch im Jahre 2000 Lateinschüler für ihr Fach zu begeistern, müssen wir primär an ihren Interessen und Denkstrukturen anknüpfen, nicht an der wissenschaftlichen Durchdringung unserer Texte.

Fazit: Man muß stets den zurückholen, der das Einfache vergißt.

Heinrich Krefeld

Sprachunterricht in der Lektürephase

Anmerkungen zu Zielen und Methoden

> Wir sind auf der Wallfahrt – was wir
> geglaubt haben, bleibt als Votivbild,
> was wir gewußt haben, als Krücke in
> den Kapellen zurück.
>
> (Ernst Jünger)

Weil dem Lateinunterricht in allen Bundesländern seit über einem Jahrzehnt in den letzten Klassen der Mittelstufe/Sekundarstufe I nur noch drei bis vier Wochenstunden (WStd) zur Verfügung stehen[1], verfügen die Schüler, die sich in der Oberstufe für einen Grund- oder Leistungskurs entscheiden, nicht nur über eine relativ geringe Lektüreerfahrung, sondern oft auch nur über geringe solide Kenntnisse in den elementaren Bereichen der Grammatik und im Wortschatz. Denn der Kampf gegen das Vergessen ist unter diesen Voraussetzungen eine Sisyphusarbeit, ganz gleich, ob gegen Ende des einführenden Sprachunterrichts oder während der Lektüre.

1. Textgrammatik vs. Wiederholungsstunden?

Gegen das Vergessen mußte der Lehrer natürlich auch ankämpfen, als das Lateinische noch mit besseren Stundentafeln bedacht war als heute. Allerdings glaubte man, wie ein Blick in die älteren Methodiken lehrt, hiergegen einigermaßen gewappnet zu sein. So plädierte etwa NIELS WILSING dafür, der Lehrer müsse „in den ersten vier Wochen einer neuen Lektüre

---

1 Vgl. dazu Verf., Die Lehrgänge mit ROMA B: 1. und 2. Fremdsprache. In: Lehrerhandbuch Teil 1 zu ROMA B: Didaktische und methodische Grundüberlegungen. – Bamberg–München 1986, 40.

seine Klasse so intensiv schulen, so präzis mit den stilistischen Besonderheiten des Autors vertraut machen, die ersten Interpretationen so exemplarisch gestalten, daß von da an die Lektüre auch ohne Kommentar zügig voranschreitet."[2] Auf die gängige Praxis der damaligen Zeit weist ALBERT KLINZ[3] in einem Handbuch für die Lehrerausbildung hin. Neben die entlastende Vorbereitung traten besondere Grammatikstunden für die Wiederholung. Andererseits stellten KRÜGER/HORNIG im Hinblick auf drei WStd, mit denen sich das Lateinische bereits in den 50er Jahren an einigen Schultypen in den damaligen Untersekunden begnügen mußte, fest, hier „kommt entweder die Lektüre oder die grammatische Wiederholung und Vertiefung zu kurz."[4]

Diese Alternative halten die konsequenten Verfechter einer Textgrammatik, die sich heute für eine Revision und Neubeschreibung der Grammatik einsetzen, für überholt, weil Grammatikarbeit nicht von der Textarbeit zu lösen sei, und diese ziele nicht nur, wie bisher, darauf ab, Texte zu erschließen, zu übersetzen und zu interpretieren, sondern darüber hinaus auch auf die Fähigkeit, wie es HANS-JOACHIM GLÜCKLICH formulierte, „zur Sprachreflexion, zur Textreflexion und zum abstrahierenden Sprechen (also zum Gebrauch einer Metasprache).[5] Hierzu bedürfe es „eines präzisen Begriffsapparates, der nach und nach im Grammatikunterricht vermittelt wird."[6] Dieser soll nach den Theorien der Dependenzgrammatik auf dem Ordnungssystem einer Textgrammatik aufgebaut sein und sich auf die verschiedenen möglichen Satzpositionen und Fül-

---

2 WILSING, N.: Die Praxis des Lateinunterrichts I: Probleme des Sprachunterrichts. – Stuttgart ²1964, 166.
3 KLINZ, A.: Die Schulschriftsteller: Lektürevorbereitende und -begleitende Grammatik. In: E. AHRENS (Hrsg.), Lateinausbildung im Studienseminar. – Frankfurt ²1966, 128.
4 KRÜGER, M./HORNIG, G.: Methodik des altsprachlichen Unterrichts. – Frankfurt 1959, 14.
5 GLÜCKLICH, H.-J.: ‚Basisgrammatik' des Lateinischen. In: W. HÖHN/N. ZINK (Hg.), Handbuch für den Lateinunterricht Sekundarstufe I. – Frankfurt 1987, 90.
6 a.O., 91. In seiner „Tafel der Satzpositionen und Füllungsarten" führt er 56 Einzelpositionen an (a.O., 96f.).

lungsarten konzentrieren. Das setze voraus, daß „De- und Rekodierung, also Erschließen und Übersetzen, ... in ihren Zielen und Methoden unterschieden werden"; es wird darüber hinaus für so wichtig gehalten, daß es im heutigen Unterricht, der modernitäts- und zeitgerecht sein soll, im Zweifelsfall Vorrang vor dem Übersetzen habe, zumal wir ja doch „nicht alle Lateinschüler zu Übersetzern machen wollen."[7] Es genüge, wenn sie, im Besitz einer gut ausgebildeten Analyse- und metasprachlichen Beschreibungskompetenz, „Vermittler" der Antike werden.

2. Gegen Verabsolutierung des Texterschließungs-Ansatzes

Das wirft eine ganze Reihe von Fragen auf. Die Kernfrage lautet: Ist mit einer derartigen Zielsetzung der Lateinunterricht in unserer Zeit noch zu retten, d. h. didaktisch begründbar? Ferner: Lassen sich für ein solches Ziel auf die Dauer noch Schüler motivieren, wenn es stimmt, daß der wirkungsvollste und primäre Anreiz bei ihnen von Sachgehalten ausgeht[8], also bei der Lektüre von einer möglichst unmittelbaren und Beziehung stiftenden Erschließung des Sinnes, den ein nach vernünftigen didaktischen Kriterien ausgewählter Text in sich birgt? Wird hier darüber hinaus nicht ein bestimmter methodischer Ansatz der Texterschließung so weit verabsolutiert, daß man gar nicht mehr prüft, ob der Lehrer mit Hilfe anderer Methoden den Schwierigkeiten, die auch GLÜCKLICH sieht, bei einer

---

7 Die letzten Zitate aus: GLÜCKLICH, H.-J.: Zeitgemäßer Humanismus. Möglichkeiten und Probleme seiner Verwirklichung am Beispiel der lateinischen Mittelstufenlektüre. In: Gymnasium 96 (1989) 475. Als Begründung führt er ferner an: „Auch erfolgreiche Persönlichkeiten aus Wirtschaft und Politik sind durchaus nicht immer in der Lage, schwierige Sätze der lateinischen Literatur ins Deutsche umzusetzen. Das setzt eine spezielle Begabung voraus. Aber von allen kann die Analyse von Sätzen, Texten und Gedanken verlangt werden, denn dies ist eine Voraussetzung für sehr viele Berufe."
8 Diesen alten lernpsychologischen Grundsatz betonte etwa H. STEINTHAL mit Recht: Lehrbuch und Methode im lateinischen Sprachunterricht. In: AU XIV 2 (1971), 51ff.

ganzen Reihe von Texten auch heute im Unterricht noch wirksam begegnen kann?

Mit guten Argumenten hat sich in jüngster Zeit DIETER LOHMANN in seinem Plädoyer für die von ihm entwickelte Drei-Schritt-Methode gegen die scharfe Trennung von De- und Rekodierung gewandt[9], und vor ihm hatte bereits HELMUT VESTER aufgezeigt, daß jene Erschließungsmethode nicht geeignet sei, sie zur Analyse von Texten einzusetzen, die dem Schüler noch unbekannt sind[10], wobei er ebenso wie LOHMANN[11] mit Recht betont, man könne auf die Verdeutlichung syntaktischer Bezüge nicht verzichten.

3. Vorteile des normalen Verstehens

Daß man auf eine scharfe Trennung von De- und Rekodierung in der Tat verzichten und durch eine Kombination wesentlicher Faktoren des ‚normalen‘ Verstehens, d. h. durch das gleichzeitige Aufnehmen möglichst vieler Textinformationen die Schüler zu einem spontanen Übersetzen und Verstehen führen kann, sei an einem in sich weithin geschlossenen Text, und zwar an Horaz, carmen 1,38 aufgezeigt. Dieses aus nur zwei Strophen (je 3 sapphische Elfsilbler und 1 Adonius) bestehende

---

9 LOHMANN, D.: Latein – ein Ratespiel? In: AU XXXI 6 (1988), 29 ff. Zutreffend weist er darauf hin, daß man ‚Übersetzen‘ und ‚Verstehen‘ nicht trennen kann. – Einen Beleg für die verfehlte künstliche Trennung fand ich in einem Unterrichtsentwurf, der vor wenigen Jahren für eine Examensstunde angefertigt und mir zur Verfügung gestellt wurde. Das Ziel der Stunde bestand darin, Sallust Cat. 20,14–17 zu übersetzen und unter dem Aspekt der Intention der Rede zu interpretieren. Zur Charakterisierung der „schlecht motivierten“ Lerngruppe wurde u. a. angeführt: „Eine straffe Gesprächsführung ist vor allem in der Erschließungsphase erforderlich: die Schüler können zwar De- und Rekodierung voneinander abgrenzen, realisieren dies aber nur bei nachdrücklicher und wiederholter Aufforderung." Der Text besteht, abgesehen von § 17, aus kurzen, gut überschaubaren Sätzen, wie etwa § 15 beweist: *res, tempus, pericula, egestas, belli spolia magnifica magis quam oratio mea vos hortantur.* Hier führen doch Vokabelkenntnisse zum unmittelbaren Verstehen; vgl. auch zu Sallust, Cat. 5,3–4 HERMES, E.: Wortschatz und Grammatik bei der Texterschließung. In: AU XXXI 6 (1988), 74.
10 Vgl. hierzu den Beitrag H. VESTERS in diesem Band und dort Anm. 20.
11 LOHMANN, D. a.O., 36.

Gedicht bietet sich hierzu im Rahmen unseres Beitrages wegen seiner Kürze an.[12]

Persicos odi, puer, adparatus:
displicent nexae philyra coronae;
mitte sectari, rosa quo locorum
    sera moretur.

simplici myrto nihil adlabores
sedulus, curo: neque te ministrum
dedecet myrtus neque me sub arta
    vite bibentem.

Die beiden Strophen weisen in der Syntax bemerkenswerte Unterschiede auf. In der ersten bilden die drei asyndetisch aneinander gereihten Sätze und das Metrum eine Einheit; von ihr hebt sich die syntaktische Verflochtenheit der zweiten deutlich ab. Diesen Überblick über die Struktur des Ganzen kann man leicht vermitteln, und hiermit sollte man sich begnügen, wenn man an die Erarbeitung des Gedichtes herangeht. Schnell erkennt der Schüler, daß in V. 1 *Persicos adparatus* das Objekt zu *odi* ist; also kann man übersetzen lassen, wenn man die Bedeutung von *ad-paratus* geklärt hat. Durch die Übersetzung wird eine Erwartungshaltung geweckt: Was meint Horaz? Wer ist der *puer*? Worauf will er hinaus? Die Übersetzung des nächsten Verses, die sich nach der notwendigen Klärung der Vokabeln in der gebotenen Wortfolge mühelos vornehmen läßt (‚Es mißfallen mit Seidenbast gebundene Kränze‘) verstärkt diese Haltung. Zwei schlichten Aussagen folgt nun unvermittelt der Imperativ, der zum Vokativ *puer* die Verbindung herstellt. Die überwiegend von Dichtern bevorzugte Verwendung von *mittere* in der Bedeutung ‚bleiben lassen‘ wird man den Schülern angeben müssen. Umso größer ist dann die Chance, daß sie das Intensivum *sectari* (‚mit Eifer folgen,

12 Zur Interpretation wurden benutzt: KIESSLING, A./HEINZE, R.: Horaz. Oden und Epoden, hrsg. von BURCK, E. – Berlin ⁸1955; FRAENKEL, E.: Horaz. Aus dem Englischen übersetzt von G. und E. BAYER. – Darmstadt 1963; SYNDIKUS, H. P.: Die Lyrik des Horaz. Eine Interpretation der Oden, I. – Darmstadt 1972.

verfolgen') in seiner Bedeutung erschließen, vorausgesetzt, daß ihnen die Grundzüge der Wortbildungslehre dieser Gruppe von Verben bekannt sind. Dann dürften sie erkennen, daß der indirekte Fragesatz *rosa quo moretur* Objekt zu *sectari* ist, der für das Intensivum im Zusammenhang des Textes die Bedeutung ‚eifrig suchen' nahelegt. Das Erschließen von Syntax und Wortbedeutung ist also aufs engste miteinander verknüpft.

In diesem Satz beansprucht auch der partitive Gebrauch von *locorum* Aufmerksamkeit, für den es im Deutschen kein gebräuchliches Äquivalent gibt, während das Prädikativum *sera* dank seiner Satzstellung unter funktionalem Aspekt keine Schwierigkeiten bereitet, wohl unter semantischem; denn die Rose – das Fest der Rosalia feierten die Römer im Mai – war zu Zeiten des Dichters eine Frühlingsblume; also weist *sera* auf den Sommer hin. Nach der Übersetzung ist folgendes klar: Der Dichter weist den *puer* an, davon abzulassen, nach einer irgendwo spät noch blühenden Rose zu suchen, warum, das ist aber auch jetzt noch offen. Jedenfalls ist er der Herr der Szene.

Die Spannung wird im folgenden schrittweise gelöst. Das kann man bei der Sinnerschließung gut nachvollziehen. Schon die erste syntaktische Einheit, die in der Mitte des nächsten Verses endet, führt in abgeschwächter Form die Anweisung an den *puer* weiter. Vers 5 läßt sich, wenn man das poetische, von Horaz geprägte *ad-labores* geklärt bzw. angegeben hat, ohne weiteres übersetzen. Hiernach erfaßt man leicht das Prädikativum *sedulus*. Die Schüler werden bei diesem Spontaneität und Sprachgefühl fördernden Übersetzungsverfahren selbst finden, daß man es hier adverbial übersetzen muß: ‚Schlichter Myrte füge bitte nichts hinzu in deinem Eifer.' Mit dieser Wiedergabe kann man sich durchaus begnügen: *res ante nomina,* was nicht ausschließt, daß man die Übersetzung von *sera* von ihr bewußt abhebt. So kann man immanent wiederholen.

Das folgende *curo* ist allerdings nicht leicht zu erklären. KIESS-LING/HEINZE bemerken zur Stelle[13], aus *nihil* sei die Negation zu *curo* zu entnehmen: „es liegt mir nichts daran", während FRAENKEL[14] *adlabores* als intransitiv auffaßt und *nihil* als nachdrückliche Form der Negation von *curo* versteht, weshalb er vor *curo* kein Komma gesetzt wissen möchte. In dieser Auffassung folgt ihm SYNDIKUS.[15] FRAENKEL hält aber auch die Erklärung von DILLENBURGER für plausibel: *nihil allabores sedulus curo* dictum est pro *non curo quidquam sedulus allabores.* Für welche der Erklärungen man sich auch entscheidet, der Sinn ist eindeutig, wie aus dem Kontext, d. h. aus dem Schlußsatz des Gedichtes hervorgeht. Hat man *de-decet* (‚es ziert schlecht‘), vielleicht über *de-decus,* erschlossen, sollte man dessen erstes Kolon und das mit diesem korrespondierende *neque me bibentem* übersetzen lassen und sich erst danach der adverbialen, nach der Dependenzgrammatik sog. ‚freien‘ Angabe *sub arta vite* zuwenden. Die Erklärung der Wortbedeutungen erschließt unmittelbar den Zugang zu dem von Horaz mit sparsamsten Mitteln gezeichneten Bild ‚unter einer dichten Weinlaube‘, also unter dem Blätterdach einer schlichten itali(-eni)schen Pergola. Es enthält die eigentliche Pointe.[16]
Die Auswertung von Syntax und Wortstellung vermittelt den Schülern nunmehr auch den Blick für die Innendimension der Textaussage. In diesem Satz variiert Horaz den Parallelismus der voraufgehenden Verse. Entspricht in ihnen dem *Persicos* das inhaltlich entgegengesetzte *simplici myrto* und dem *adparatus* das *nihil adlabores,* was dafür spricht, *nihil* als Objekt aufzufassen, so verleiht er dem folgenden Parallelismus *neque*

13 a.O., 160.
14 a.O., 351, Anm. 4.
15 a.O., 341, Anm. 4: „ich kümmere mich nicht im geringsten".
16 Hierzu LOHMANN a.O., 49, Anm. (23): „Die von der Dependenzgrammatik so sehr betonte Differenzierung in ‚notwendige Ergänzungen‘ und ‚freie Angaben‘ erscheint mir ... methodisch nicht unbedenklich. Der Terminus ‚freie Angabe‘ erweckt allzu leicht den Eindruck des Unverbindlichen und Verzichtbaren, was gerade der kommunikativen Rolle der Umstandsbestimmungen nicht entspricht."

te – neque me mit den zu ihnen gehörenden Prädikativa eine Form, durch die er den bisher zwischen sich und seinem Diener betonten Abstand bis zu einem gewissen Grade wieder aufhebt: Dieser soll ebenso wie er einen schlichten Myrtenkranz anlegen, wenn er seinem Herrn zu einer bescheiden gestalteten festlichen Stunde, die er sich unter einer Weinlaube gönnt, den Wein einschenkt.

Zum tieferen Verständnis dieses von innerer Harmonie getragenen Liedes, das ein Kunstwerk und zugleich ein Spiegelbild der horazischen Lebenshaltung der rechten Mitte ist, kann man nunmehr den Bedeutungsinhalt einzelner Wörter wie *odi, puer, Persicos,* den der Fremdwörter *philyra* und *myrtus* unter semantischem wie pragmatischem Aspekt auswerten, ferner die Aussageformen und Modi (Feststellung – Anweisung – Wunsch – Feststellung), darüber hinaus die Ringkomposition. Diese textimmanente Betrachtung kann mit einer textübergreifenden verknüpft werden, indem man dieses schlichte Trinklied, das auf das viel erhabenere und komplizierter gebaute *Nunc est bibendum* unmittelbar folgt, als eines der drei Epiloggedichte in das Ganze der ersten Sammlung der horazischen Carmina einordnet. All das trägt zur Erweiterung des literarischen und kulturgeschichtlichen Horizontes der Schüler bei. Auf diese Möglichkeiten sei nur hingewiesen. Ob und in welchem Maße man sie nutzt, dies hängt von der Einbindung der Lektüre dieses Gedichts in die Unterrichtsreihe, zugleich auch davon ab, ob man es in einem Leistungs- oder in einem Grundkurs liest. Wie dem auch sei: ein zusätzliches metasprachlich-linguistisches Beschreibungsinstrumentarium benötigt man hierzu nicht, und wollte man mit den Termini der Dependenzgrammatik diesen Text erschließen und analysieren, dann erschwerte man nur den Zugang zum Textverständnis, wie die Erarbeitung von *sub arta vite* aufgezeigt hat.[17]

---

17 Dies gilt auch für das Satzmodell der Dependenzgrammatik, das rein formal von der Verbvalenz ausgeht. Nach ihr wäre etwa *odi* aufzulösen in *od-* = $\boxed{V}$ und *-i* als $\boxed{E_{NOM}}$, das dem $\boxed{V}$ bereits unterzuordnen wäre und mit dem Objekt *adparatus* $\boxed{E_{AKK}}$ auf

Gerade hier wurde deutlich, wie wichtig es ist, zur Sinnerschließung und -verknüpfung auf den Kontext zu achten, sowohl
unter syntaktisch-semantischem wie pragmatischem Aspekt.

4. Notwendigkeit solider Grundkenntnisse

Vergegenwärtigen wir uns im Hinblick auf unser Thema die
sprachlichen Anforderungen, die eine Erarbeitung dieses Liedes an die Schüler stellt. Ohne eine hinreichende Sicherheit in
der Formenlehre, und zwar im Bereich der Konjugationen wie
der Deklinationen, ohne die solide Kenntnis eines Grundwortschatzes und wichtiger Grundzüge der Wortbildung ist ein
zügiges Übersetzen nicht möglich. In der Syntax sind vor allem
Kenntnisse zur Sinnerschließung und Übersetzung des Prädikativums gefordert, ferner der Modi und des indirekten Fragesatzes. Für die Breite der syntaktischen Anforderungen, die
eine Dichterlektüre stellt, ist das Gedicht allerdings nur in
begrenztem Umfang repräsentativ. GERHARD FINK, der diese
Anforderungsbereiche bei der Ovidlektüre auf Grund der
Analyse eines weitaus umfangreicheren Materials auch erfaßt
hat[18] – er spricht sich entschieden für eine synoptische Text-
erfassung aus –, führt noch die Quantitäten, die Tempora,
mehrdeutige Partikel und neben den Kasusfunktionen die Va-
riationen im Satzbau an, deren Auswertung in unserem Gedicht ebenfalls sehr aufschlußreich ist. Hiermit sind grundle-
gende Gebiete der lateinischen Sprache überhaupt erfaßt, die
vorausgesetzt, aber gleichzeitig textimmanent auch wiederholt
werden, im Kampf gegen das Vergessen auch wiederholt werden müssen, und gerade bei der Dichterlektüre muß der Lehrer

---

einer Stufe stünde. Ein derartiges Modell fördert die natürliche Verstehenslenkung
nicht, weil es, um bei unserem Beispiel zu bleiben, vom grundlegenden Sachverhalt
wegführt, daß der Dichter in jeder Hinsicht im Mittelpunkt der Textaussage steht. Die
Träger einer Handlung sollte man aus semantischen wie lernpsychologischen Gründen
in einem Satzmodell also nicht zu einer Ergänzung = $\boxed{E}$,degradieren'.

18 FINK, G.: Grammatikarbeit bei der Dichterlektüre, dargestellt am Beispiel Ovid. In:
AU XXVIII 3 (1985), 44.

von vornherein bedenken, daß sich bei ihr Schwächen im Bereich der Formenlehre und der Wortkunde verhängnisvoller auswirken als bei der Lektüre von Prosaikern.

5. Zur Ökonomie des Lehrens und Lernens

Die Geschichte der Bildung und des Unterrichts weist auf, daß es immer eine Diskrepanz zwischen Zielvorstellungen und der Realität, zwischen Theorie und Praxis gegeben hat. Dies wird auch künftig so sein, zumal es das Wesen reformerischer Bemühungen ausmacht, woher auch immer sie ihre Impulse erhalten mögen, Wirklichkeit zu verändern. Hierzu muß auch die Fachdidaktik als Teildisziplin der allgemeinen Didaktik beitragen, und zwar in der Theorie wie in der Praxis. Dies ist der Didaktik unseres Unterrichts in der Auseinandersetzung mit den Bestrebungen der Curriculumrevision auf vielen Gebieten ihres Tätigkeitsfeldes gut gelungen. Andererseits ist sie als eine pragmatisch ausgerichtete Disziplin verpflichtet, zu bedenken, ob und wie sich ihre Zielbestimmungen unter den jeweils vorhandenen unterrichtlichen Bedingungen, zu denen auch die Stundentafeln gehören, die zu verändern sie offensichtlich nicht imstande ist, auch realisieren lassen. So sind und bleiben fachdidaktische Theorie und unterrichtliche Realität in einem Spannungsfeld aufeinander bezogen. Deshalb kann und darf sie, gerade angesichts der eingangs skizzierten Unterrichtssituation und der Tatsache, daß es in der gymnasialen Oberstufe weitaus mehr Grund- als Leistungskurse gibt[19], den wichtigen Faktor der Ökonomie des Lehrens und des Lernens nicht außer acht lassen.[20] Vor dem Hintergrund dieser Erwägungen möchte ich aus dem Dargelegten einige Folgerungen ziehen:

---

19 In NRW gab es im Schuljahr 1988/9 in der 12. Jahrgangsstufe 571 GK und 94 LK, in der 13. 458 GK und 95 LK: vgl. SCHEDA, G.: Statistische Angaben zum Lateinunterricht. In: Mitteilungsblatt des Landesverbandes NRW im DAV XXXVII 2 (1989), 4.

20 Vgl. hier WILHELM, TH.: Theorie der Schule. Hauptschule und Gymnasium im Zeitalter der Wissenschaften. – Stuttgart ²1969, 276ff.

1. Textarbeit im Lektüreunterricht setzt in allen Bereichen der Sprachlehre *solide Kenntnisse und Fertigkeiten* voraus, bietet zugleich aber auch die Möglichkeit, diese auf vielfältige Weise zu wiederholen und zu strukturieren. Diese Arbeit, die ebenso wie der einführende Sprachunterricht dem Zwang der Ökonomie unterliegt, will darauf hinaus, den Sinn eines Textes zu erschließen.

2. Sinnverständnis dokumentiert sich in der Fähigkeit, einen Text zu übersetzen und zu interpretieren. Auf dieses Ziel ist die Arbeit an der Sprache auszurichten. Deshalb kommt der *Semantik* sowohl in der Wortkunde wie in der Syntax große Bedeutung zu.

3. Wenn beim notwendigen *Wiederholen* und *Vertiefen* sprachlicher Kenntnisse Ausgangspunkt auch immer der jeweils vorliegende Text ist, dieses also vorwiegend immanent betrieben wird, so sollte man doch nicht darauf verzichten, das, was okkasionell wiederholt werden muß, mit bereits Gelerntem zu *verknüpfen,* Wissen so zu *strukturieren* und zu festigen, daß es abrufbar wird. Hierbei leisten Wortkunde und Schulgrammatik, und durch sie auch der Einzelsatz, wertvolle Hilfe, können die Grundsätze *repetitio est mater studiorum* und *variatio delectat* sehr gut miteinander verbunden werden. Deren Beachtung fördert die Motivation der Schüler.[21]

4. Auf das *Übersetzen* darf man nicht verzichten. Es ist ein „sprachpädagogischer Elementarvorgang", wie es treffend FRIEDRICH MAIER charakterisiert hat[22], wobei Übersetzen und Verstehen unmittelbar und auf vielfältige Weise ineinander greifen. Beide Vorgänge sind nicht reproduktiver, sondern in

---

21 Die von HEILMANN, W.: Lernpsychologische Grundlagen des Übens im einführenden lateinischen Sprachunterricht (in: HÖHN/ZINK a.O., 104ff.), dargelegten Prinzipien und Zusammenhänge des Übens gelten weithin auch für das Wiederholen in der Lektürephase.

22 Lateinunterricht zwischen Tradition und Fortschritt 1: Zur Theorie und Praxis des lateinischen Sprachunterrichts. – Bamberg ²1984, 174. S. auch LOHMANN a.O., 34f., der bemerkt: „Wer einen Text nicht übersetzen kann, bleibt in der Regel den Nachweis schuldig, daß er ihn verstanden hat."

hohem Maße produktiver Art, zumal das Übersetzen die muttersprachliche Kompetenz ständig und wesentlich fördert.

5. Natürlich kann beides in der Schule nur approximativ geleistet werden.[23] Dies mindert den Wert dieser Arbeit nicht. Wer vielmehr auf das Übersetzen verzichtet, entzieht letztlich dem kontrastiv ausgerichteten Sprachunterricht seine Begründung. Wenn also Texte so hohe Anforderungen an die Verständnis- und Übersetzungsfähigkeit der Schüler stellen, daß ihnen eine Übersetzung nicht mehr zuzumuten ist, dann kann man hieraus nur eine Folgerung ziehen, nämlich die, daß sie Schülern zur Bearbeitung nicht mehr vorgelegt werden. *Redlichkeit* in der Arbeit an der Sprache ist oberstes Gebot.

6. Es wird zwar seit einiger Zeit die Diskusssion über die Notwendigkeit und die Inhalte einer ‚Basisgrammatik' für den Lateinunterricht intensiv geführt[24], was angesichts des Zwanges zur Ökonomie gerade im einführenden Sprachunterricht unerläßlich ist; aber gleichzeitig weitete sich der Anspruch der Linguistik so aus, daß den Bemühungen, Lehrstoffe zu durchforsten, aufs Ganze gesehen bisher kein durchschlagender Erfolg beschieden ist. *Non omnia possumus omnes.* Deshalb ist es wichtig, Prioritäten zu setzen. *Semantik und Pragmatik haben Vorrang. Der Linguistik kommt nur eine Hilfsfunktion zu.*

7. Das Heil des Sprachunterrichts liegt nicht im systematischen Aufbau sekundärer Systeme der Sprachbeschreibung, sondern darin, in ihm stets *das Elementare,* das auf das Allgemeine weist, *zur Geltung zu bringen.* Hierzu gehört die zunehmende

---

23 Selbstverständlich ist jedes Textverständnis nur approximativ. Das in der Theorie der Hermeneutik viel diskutierte Problem steht hier, wo es um Schülerleistungen geht, nicht zur Diskussion. Gleichwohl sei angemerkt, daß keine hermeneutische Theorie die Relativierung eines Textes so stark betont, um nicht zu sagen überzogen hat wie die moderne Textlinguistik, die bei einem vorliegenden Text von einem ‚Potentialtext' spricht, der erst im Verständnis des Rezipienten zu einem ‚Realtext' werde. Vgl. hierzu R. NICKEL, Der moderne Lateinunterricht. Lernziele und Unterrichtsverfahren in der gymnasialen Oberstufe. – Freiburg–Würzburg 1977, 80 f. – Kein Kunsthistoriker oder -erzieher, denen es ja auch um das Interpretieren von Kunstwerken geht, würde etwa ein Bild von van Gogh nur als ‚Potentialbild' bezeichnen.

24 Hierzu trug MAIER, F.: a.O., 267 ff., mit der Publikation aufschlußreicher Untersuchungsergebnisse Wesentliches bei.

Entfaltung und Schulung grundlegender Kategorien des Denkens und Sich-Äußerns im Schüler, die bei der Textarbeit vor allem durch das Übersetzen erfolgt. Wer übersetzt, muß nämlich Farbe bekennen. Zu diesen elementaren Kategorien gehören etwa die Unterscheidung von Realität, Irrealität und Potentialität, die von Kausalität und Finalität, die Fähigkeit, zwischen einer konsekutiven, konzessiven und adversativen Aussage und Sinndeutung zu unterscheiden, oder im Bereich der Wortkunde etwa bei der Übersetzung bedeutungsvielfältiger Nomina, vor allem von Abstrakta, im Abgrenzen die treffende Bedeutung zu finden und zu begründen. Diese Fähigkeiten und Kategorisierungen den Schülern zu vermitteln ist heute ein mühsames Geschäft, das Zeit verlangt, ist und bleibt aber ein Spezificum unseres Unterrichts, mit dem dieser, wie bisher, auch legitimiert werden kann.

8. Wenn der Pragmatik im Unterricht die ihr gebührende Beachtung zuteil wird, trägt dies nicht nur zur Motivation der Schüler bei, sondern zugleich dazu, ihnen Zugänge zu grundlegenden Bereichen unserer Kultur zu erschließen. Unser Interpretationsbeispiel zeigte auf, wie textimmanent durch die Erklärung von Wortbedeutungen und die Auswertung des Satzbaus wichtige Sachzusammenhänge erhellt und Wesenszüge eines Menschen sichtbar werden können, ferner, daß die Einordnung dieses Gedichtes unter literarischen wie kulturgeschichtlichen Aspekten Einblicke in fundamentale Zusammenhänge und Voraussetzungen der römischen Literatur und Kultur vermitteln kann. Wenn diese textimmanente Arbeit durch zusätzliche pragmatische Informationen, für die das orientierende Lehren und Lernen die geeigneten Unterrichtsformen sind, ergänzt wird, was bei vielen Texten notwendig ist, dann wird der Sprach- und Lektüreunterricht auch seiner *kulturerschließenden Aufgabe* gerecht. Diese ist angesichts der politischen Entwicklungen unserer Tage auf ein neu sich formierendes Europa hin von großer Bedeutung, trägt darüber hinaus zur Legitimation unseres Unterrichts ebenfalls wesentlich bei.

Helmut Vester

Lateingrammatik und Schulpraxis

Neue Tendenzen und Perspektiven

1. Zu einigen linguistischen Fragestellungen

„Ach, ihr Altphilologen habt es gut", halten einem manchmal Kollegen mit Deutsch oder einer modernen Fremdsprache entgegen. „Euer Gegenstand ist abgeschlossen; man studiert und ist dann fertig. Aber bei uns ..." Mit der Realität hat eine solche Vorstellung freilich nichts gemein. In der Literatur wurde durch die Entdeckung der mittelalterlichen und neuzeitlichen Latinität ein Bereich hinzugewonnen, dessen Aufarbeitung die Arbeitskraft eines Lehrers bei weitem übersteigt. Die Interpretation hat neue Methoden entwickelt und damit auch neue Ergebnisse gebracht. Man denke nur an ein spektakuläres Beispiel: die neue Deutung der Römerode III 2 des Horaz durch D. LOHMANN, der dem berühmt-berüchtigten *dulce et decorum est pro patria mori* eine gerade entgegengesetzte Wendung gibt.[1] „Aber in der Grammatik bleibt doch alles beim alten", wirft der hartnäckige Neuphilologe ein. In diesem Beitrag soll gezeigt werden, daß auch im Bereich der Sprachbeschreibung Kategorien entwickelt werden, die für die Schulpraxis relevant sein können.

An den Anfang stelle ich die Beschreibung, die KÜHNER/ STEGMANN dem Satz widmen[2]:

„Satz ist der Ausdruck eines Gedankens in Worten, als *rosa floret, homo mortalis est.* Gedanke ist der geistige Akt, durch den der Mensch zwei Begriffe – einen Substantivbegriff und

---

1 LOHMANN, D.: „Dulce et decorum est pro patria mori." Zu Horaz c. III 2. In: Schola Anatolica, Freundesgabe für HERMANN STEINTHAL. – Tübingen 1989, 336–372. Vgl. jetzt auch vom selben Autor: Methoden bei der Übersetzung lateinischer Texte – Horaz c. III 2. In: Mitteilungsblatt des DAV 2/90, 18–24.

2 KÜHNER, R./STEGMANN, C.: Ausführliche Grammatik der lateinischen Sprache. Satzlehre I. – Darmstadt 1955, 1.

100

einen Verbalbegriff – zu einer Einheit zusammenfaßt, indem er einerseits beide Begriffe untereinander in eine gegenseitige Beziehung, andererseits den Verbalbegriff in Beziehung auf seine Gegenwart und seine Anschauung stellt. Das Wesen jedes Gedankens besteht demnach aus drei Elementen: gleichsam zwei stofflichen oder materiellen – dem Substantiv- und dem Verbalbegriffe – und einem geistigen – der Zusammenfassung beider zu einer Einheit."

Mit dieser Beschreibung vergleiche man das Satzmodell eines zeitgenössischen Linguisten, des Niederländers H. PINKSTER[3]:

„In diesem Buch wird mit einem Satzmodell gearbeitet, in dem der als Prädikat fungierende Konstituent als zentrales Element betrachtet wird. Beispiele für Konstituenten mit der Funktion Prädikat sind *laudat* und *simile est* in den Sätzen (1) und (2):

(1) *pater filium laudat* (‚Der Vater lobt den Sohn')

(2) *ovum ovo simile est* (‚Ein Ei ist dem anderen Ei gleich') . . .

In Satz (1) erfüllt das Substantiv *pater* die syntaktische Funktion Subjekt; das Substantiv *filium* erfüllt die syntaktische Funktion Objekt. Keiner der beiden Konstituenten *(pater, filium)* kann weggelassen werden. In den meisten Sätzen kommen neben dem Prädikat und einem oder mehreren notwendigen Konstituenten noch andere Konstituenten vor. Diese können ohne weiteres weggelassen werden, ohne daß der Restsatz ungrammatisch wird."

Die Unterschiede zwischen beiden Beschreibungen fallen in die Augen. KÜHNER/STEGMANN gehen von dem Zweiwortsatz als Kern aus und versuchen, diese Vorstellung mit denkpsychologischen Kategorien zu untermauern. Die moderne Linguistik lehnt dagegen den Zweiwortsatz als Grundmodell ab; sie stellt das Prädikat in den Mittelpunkt ihrer Betrachtung und rückt in manchen Modellen alle Ergänzungen gleichrangig neben das

---

3 PINKSTER, H.: Lateinische Syntax und Semantik. – Tübingen 1988. UTB 1462, 1–3.

Subjekt. So verfährt z. B. H. HAPP, der die Ergänzungen von 1–7 durchzählt und den für die Schulpraxis wichtigen Unterschied von Kongruenz und Dependenz nicht so sehr in den Vordergrund rückt.[4] KÜHNER/STEGMANN fassen alles, was vom Prädikat abhängt, als Objekt zusammen[5]; sie bringen zwar den Begriff der Notwendigkeit ins Spiel und gelangen dabei zu dem, was wir heute Ergänzung *und* freie Angabe nennen. Sie legen sich aber nirgends fest, ob sie den Begriff der Notwendigkeit semantisch oder syntaktisch verstehen. Daß in dem ersten Beispiel, das sie als notwendige Vervollständigung des Prädikats anführen – *scribo epistulam* – der Begriff gerade nicht greift, muß ihnen entgehen, wenn dieser nicht eindeutig definiert ist.

Die moderne Linguistik ist hier in vielem strenger als die alte Grammatik. Sie versucht, zwischen Morphologie, Semantik und Syntax eindeutig zu differenzieren und in ihren Kategorien jeweils deutlich zu machen, auf welcher Ebene beschrieben wird. Wenn sie von Satzmustern handelt und in diesem Sinne von notwendigen Gliedern spricht, ist das immer syntaktisch gemeint. Das Verb bestimmt die Zahl der notwendigen Konstituenten; es hat eine bestimmte Wertigkeit oder Valenz. Das Hauptkriterium für die Notwendigkeit eines Satzgliedes ist die Grammatikalität des Satzes. So differenziert die gegenwärtige Linguistik scharf zwischen Ergänzungen einerseits und freien Angaben andererseits (PINKSTER nennt sie Argumente und Satelliten), und in diesem kategorialen Rahmen muß dann manche Spracheinheit als Ergänzung beschrieben werden, welche die traditionelle Grammatik den Umstandsbestimmungen zugeschlagen hat. Bei den Beispielen von KÜHNER/STEGMANN (S. 252) müßte man *in urbem (eo in urbem)* eher als Ergänzung ansehen – im Gegensatz zu *nocte* in dem Satz *venit nocte*.[6]

---

4 HAPP, H.: Grundfragen einer Dependenz-Grammatik des Lateinischen. – Göttingen 1976.
5 251f. (s. Anm. 2).
6 Dazu s. u. S. 109.

Eine weitere Gegenüberstellung einer Passage aus KÜHNER/
STEGMANN[7] mit Formulierungen von PINKSTER ist ebenso aufschlußreich:

„Solange der Mensch auf der untersten Stufe seiner geistigen
Entwickelung steht, spricht er seine Gedanken in einzelnen
Sätzen nach einander aus, unbekümmert darum, den inneren
Zusammenhang und die wechselseitigen Beziehungen der Gedanken zueinander äußerlich zum Ausdruck zu bringen. Sowie
aber mit dem Fortschreiten des geistigen Lebens dem Menschen
der innere Zusammenhang seiner Gedanken klarer vor die
Seele tritt, so fühlt er auch das Bedürfnis, ihn auch in der Rede
zu bezeichnen. Die Sprache prägt daher Gebilde aus, welche
die Verbindung der dem Inhalt nach zusammengehörigen und
die Einheit des Gedankens darstellenden Sätze ausdrückt. Die
Grammatik nennt dieses Gebilde Konjunktionen."

Sieht man von der diachronischen und heute durchaus umstrit-
tenen Basis dieser Aussage ab, könnte der Abschnitt ohne
weiteres die Einleitung in eine Textgrammatik darstellen, also
in die Beschreibungskategorien der Textkohärenz. Genau das
ist jedoch nicht der Fall. KÜHNER/STEGMANN erläutern zunächst
den Unterschied zwischen Parataxe und Hypotaxe und gehen
dann zu einer minutiösen Darstellung der beiordnenden Konjunktionen und später der Nebensätze über. Im allgemeinen
bewegt sich die Darstellung im Rahmen von zwei Hauptsätzen
oder von einer Periode; der Text als solcher kommt gerade
nicht in den Blick.

Anders liest sich eine vergleichbare Passage bei PINKSTER zu
der Frage, was eine Reihe von zusammenhängenden Sätzen zu
einem Text macht (370): „Eine notwendige, aber nicht hinreichende Bedingung ist die Existenz eines semantischen Zusam-
menhangs zwischen den Sätzen; sie müssen vom selben ‚Gegenstand' handeln (dasselbe ‚Thema' haben). Eine weitere
Bedingung ist, daß zwischen den Satzinhalten eine temporale

---

7 KÜHNER, R./STEGMANN, C.: Ausführliche Grammatik der lateinischen Sprache. Satzlehre II. – Darmstadt 1955, 1.

oder eine kausal/konsekutive Relation bzw. eine andere Relation dieser Art besteht oder doch wenigstens vom Hörer/Leser hergestellt werden kann." PINKSTER nennt also zwei Parameter der Kohärenz: den semantischen Zusammenhang und die Frage nach der logischen Verknüpfung einer Reihe von Sätzen. Die Textsemantik erörtert die Frage nach der semantischen Kohärenz; sie differenziert nach Wortwiederholungen und Umschreibungen, nach Wortfeldern, Ko-Referenz sprachlicher Zeichen und nach der Thema-Rhema-Verknüpfung. Die Frage nach der logischen Verknüpfung rechnet man zur Textsyntax, die auch die Verteilung der Tempora, Modi, Diathesen und Personenkennzeichen in einem konkreten Text, die Bedeutung dieser Verteilung und die Beziehung zwischen textsyntaktischen Elementen und Textsorten untersucht. Die „Gebilde", welche die logische Verknüpfung von Sätzen herstellen, nennt sie Konnektoren, und zwar deshalb, weil sowohl Konjunktionen als auch Adverbien Sätze gedanklich verbinden. Auch KÜHNER/STEGMANN sehen diesen Sachverhalt, nennen II 69 expressis verbis temporale Adverbien, II 87 konzessive, ohne aber auf den Unterschied zu ihrer Einleitung (s. o.) hinzuweisen und einen Oberbegriff für Konjunktionen und satzverbindende Adverbien zu suchen. Diesen Zusammenhang zwischen Konjunktionen und satzverbindenden Adverbien hat erst die Textlinguistik geklärt. Rechnet man jedoch, wie es im Anschluß an die linguistische Diskussion in einigen Schulbüchern geschieht, alles, was der Konnexion von Sätzen und Wörtern dient, zu den Konnektoren – Konjunktionen, gliedernde Adverbien, Wortwiederholungen und Umschreibungen sowie die Proformen –, dann wird der Begriff wegen seines Bedeutungsumfangs für den Unterricht unbrauchbar. PINKSTER gibt eine handliche Definition (383): „Unter Konnektoren verstehe ich Wörter wie *autem* (‚aber'), *ergo* (‚also') und *et* (‚und weiter') bei Einleitung selbständiger Sätze".[8]

---

8 Eine knappe Tabelle von Konnektoren und ihrer semantischen Klassen bei PINKSTER (s. Anm. 3) 386.

Ich möchte nun in diesem Beitrag zwei Fragen verfolgen:
– Welche Instrumente gibt die Linguistik an die Hand, den Schülern auch kompliziertere syntakische Bezüge zu verdeutlichen?
– Was leistet die Textgrammatik für die schulische Praxis?

2. Linguistische Proben zur Bestimmung von Satzgliedern

Das wichtigste Instrument zur Bestimmung von Satzgliedern sind neben den traditionellen Fragen die sog. Proben oder linguistischen Tests. Ich gebe zunächst mit einer Tabelle aus der „Dependenz-Grammatik" von HAPP (428) einen Überblick und greife dann einige Fälle heraus, die nach meiner Erfahrung für den Lateinunterricht hilfreich sein können.

Name des Tests	Zweck des Tests	Kriterium	Verwendbarkeit im Lateinischen
Kommutation (Substitution)	Segmentierung u. Klassifizierung der Satzglieder	,Äquivalenz' der Versatzstücke	beschränkt
Permutation (Verschiebe-Probe)	Segmentierung der Satzglieder	Grammatikalität u. ,Bedeutungs-gleichheit'	nein
Deletion (Eliminierung)	Trennung obligatorischer E von allem andern	Grammatikalität	beschränkt
Insertion	Feststellung ,nicht-obligatori-scher' Satzglieder	Grammatikalität	?
Exklusion + Nektion	Klassifizierung von Satzgliedern	Grammatikalität	nein
Transformation (Paraphrasie-rung)	Trennung E–fA	Grammatikalität u. ,Bedeutungs-gleichheit'	ja

Name des Tests	Zweck des Tests	Kriterium	Verwendbarkeit im Lateinischen
Pronominalisierung	Trennung von Akk.-Objekt und adverb. Akkusativ	‚Bedeutungsgleichheit'	ja
Nominalisierung	Trennung E–fA	‚Bedeutungsgleichheit'	nein

Anmerkung: Kommutation, Permutation, Deletion, Insertion, Nektion und Transformation sind nach der *Art* der Test-Operation bestimmt und benannt, Pronominalisierung und Nominalisierung nach dem *Resultat* des Tests. Die Exklusion ist schwierig einzuordnen.

2.1 Die Weglaßprobe (Eliminierungs- oder Deletionstest)

Bei der Weglaßprobe werden Spracheinheiten ausgelassen; ist dies nicht möglich, ohne daß der Restsatz ungrammatisch wird, handelt es sich bei dem abgespaltenen Satzglied um eine Ergänzung (ein Objekt). HAPP (362f.) definiert in diesem Zusammenhang grammatisch als syntaktisch im Gegensatz zu semantisch oder logisch bzw. sachlich richtig. PINKSTER (15) formuliert die Bedingungen für die Stimmigkeit der Weglaßprobe so: „Ein Konstituent ist weglaßbar, wenn a) der Restsatz grammatisch bleibt, b) die lexikalische Bedeutung der übrigen Konstituenten sich nicht ändert und c) die semantischen Beziehungen zwischen den Konstituenten die gleichen bleiben." Diese Bedingungen, vor allem b) und c) gelten für alle Proben. Es ist eine Trivialität, daß beim Abspalten von Satzgliedern Informationen verlorengehen, aber da es sich dabei lediglich um einen Test handelt, der die Gestaltung des konkreten Textes ja nicht tangiert, spielt dies keine Rolle.

Treffsicher und schulpraktisch hilfreich ist die Weglaßprobe in einem Fall, der dem Philologen in der Regel kaum Schwierigkeiten bereitet, wohl aber öfter dem Schüler: die Trennung von Prädikatsnomen und Prädikativum. Das Prädikativum ist grundsätzlich weglaßbar, nicht jedoch das Prädikatsnomen:

(1) *Ipse adulescentulus propter affinitatem P. Sulpicii, qui tribunus plebis interfectus est, non expers fuit illius periculi* (Nepos, Att. 2,1).

Der Satz enthält drei Prädikativa: *ipse, adulescentulus, tribunus plebis;* diese Glieder sind weglaßbar, ohne daß der Restsatz ungrammatisch wird oder sich die Bedeutungen ändern. Ließe man dagegen *expers* (und damit auch die dazu gehörige Ergänzung *illius periculi*) weg, würde das syntaktische Gerüst des Satzes zusammenbrechen: es ist ein Prädikatsnomen. Keinerlei Hilfe bietet die Weglaßprobe für die Trennung von Prädikativum und Attribut; beide Satzglieder sind abspaltbar.[9] Andererseits läßt sich mit Hilfe der Weglaßprobe die Satzwertigkeit des Ablativus absolutus und des Gerundivums mit Beziehungsnomens ohne *esse* zeigen:

(2)　　*Infectis rebus illi domum discedunt* (Sall. Iug. 28,3)

(2a)　* *Rebus illi domum discedunt.*

(3)　　*Nec vero superstitione tollenda religio tollitur* (Cic. div. II 148).

(3a)　* *Nec vero superstitione religio tollitur.*

(3a) ist nicht aus syntaktischen Gründen ungrammatisch, sondern weil sich der Satzsinn durch das Abspalten des Partizipiums ins Gegenteil verkehrt. Es ist also falsch, wenn man das Partizipium im Ablativus absolutus oder das Gerundivum mit Beziehungsnomen ohne *esse* als Prädikativum bezeichnet, wie einige Lehrbücher und Schulgrammatiken verfahren.[10]

Während oben festgestellt wurde, daß jedes Satzglied, das vom Prädikat abhängt und nicht weglaßbar ist, die Funktion einer Ergänzung hat, gilt die Umkehrung nicht ohne weiteres: Nicht alles, was weggelassen werden kann, ist eine freie Angabe; bei bestimmten Verben kann das an sich vorgesehene Objekt auch

---

9 Vgl. dazu Vester, H.: Zum Prädikativum. In: Anregung 30 (1984), 237–244.

10 Oder man müßte die Definition des Prädikativums neu fassen: etwas Prädikatartiges; ein Satzglied, welches das Prädikat eines zugrundeliegenden Satzes repräsentiert. Vgl. Steinthal, H.: Prädikativa in der lateinischen Grammatik. In: AU VIII 2 (1965), 8ff.

manchmal fehlen (z. B. *scribo epistulam* vs. *scribo*).[11] Um das Problem zu lösen, trennt Happ zwischen obligatorischen und fakultativen Objekten und scheidet die letzteren von den freien Angaben mit Hilfe der machen-Transformation (401 ff.):

(4)   *Scribo epistulam.*

(4 a)   * *Scribo, et id facio epistulam.*

(5)   *Scribo epistulam in itinere.*

(5 a)   *Scribo epistulam, et id facio itinere.*

Alles, was sich mit der machen-Transformation umschreiben läßt, ist keine Ergänzung.

Pinkster begegnet diesem Problem so, daß er bei manchen Prädikaten mehr als eine Valenz und mehr als einen Prädikatsrahmen im Zusammenhang mit einem Bedeutungsunterschied ansetzt. Er nimmt das Verb *dicere* als Beispiel (11 f.):

(6) *est oratoris proprium apte, distincte, ornate dicere* (Cic. De off. I 2), zweistellig[12], Bedeutung: sprechen.

(7) *prooemium dicere*, zweistellig, Bedeutung: aussprechen.

(8) *Tum mihi Roscius . . . alia multa . . . dixit* (Cic. Quinct. 78), dreistellig, Bedeutung: mitteilen.

(9) *aliquem legatum dicere*, dreistellig, Bedeutung: ernennen zu.

Entsprechend erläutert er Beispiele wie *scribo* vs. *scribo epistulam* (12 f.). *scribere* erklärt er als ‚neutrale/unspezifizierte‘ Handlung (schreiben, nicht lesen), *scribere epistulam* als ‚spezifische/spezifizierte‘ Aktivität (einen Brief, kein Buch schreiben). Unterschiedliche Prädikatsrahmen bei demselben Verbum hängen also mit dem Wechsel in der syntaktischen oder semantischen Natur der Füllung zusammen.

Der machen-Test erlaubt es auch, eine Reihe von Konstruktionen, welche die traditionelle Grammatik bisher als Adverbialien beschrieben hat, als valenzgebunden zu erkennen:

---

11 S. o. S. 102.

12 Pinkster faßt die Modaladverbien als notwendige Konstituenten auf; vgl. Anm. 3 (11); dies scheint mir nicht unproblematisch zu sein.

a) Präpositionalobjekte:

(10)   *Tacitus de incendio urbis Romae narrat.*

(10a) * *Tacitus narrat, et id facit de incendio urbis Romae.*[13]

b) Ortsergänzungen bei Verben der Ruhe und der Bewegung:

(11)   *Cicero nonnullos menses Athenis, nonnullos annos in Graecia versabatur.*

(11a) *Cicero Athenis versabatur, et id fecit nonnullos menses.*

(11b) * *Cicero nonnullos menses versabatur, et id fecit Athenis.*

(12)   *Nocte Romam advenio.*

(12a) *Romam advenio, et id facio nocte.*

(12b) * *Nocte advenio, et id facio Romam.*

Während also die Zeitangaben bei *versari/advenire* Adverbialien sind, geben die Ortsangaben bei diesen Verben zwar auch Umstände an, sie sind aber valenzgebunden und müssen syntaktisch als Ergänzungen beschrieben werden.

c) Ablativus separativus:

(13)   *Nemo nostrum culpa vacat.*

(13a) * *Nemo nostrum vacat, et id facit culpa.*

2.2   **Die Austauschprobe** (Kommutation, Substitution)

Mit Hilfe der Austauschprobe läßt sich die gleiche syntaktische Natur unterschiedlicher Füllungen zeigen. Wie bei der Weglaßprobe darf sich die Bedeutung der Füllung, also der angesprochene Sachverhalt, nicht ändern. Selbstverständlich können sich durch Kommutation die stilistischen oder pragmatischen Akzente verschieben, aber auf die Frage der syntaktischen Bestimmung hat dies keinen Einfluß.

(14) *Nihil umquam mihi incidet, quod tristis excipiam, quod malo vultu* (Sen. ep. 96,2).

---

13 Der Objektscharakter des Präpositionalausdrucks bei *narrare* läßt sich auch mit Hilfe von Substitutionen nachweisen. So ist z. B. der AcI bei *narrare* Objekt; vgl. auch *aliquid narrare*.

Der Satz zeigt schön die Austauschbarkeit von Prädikativum und Adverbiale. *tristis* und *malo vultu* sind semantisch fast synonym, syntaktisch jeweils weglaßbar. Ich folgere aus Beispielen dieser Art, daß Prädikativa – obwohl kongruent – mit Adverbialien kommutieren.[14] Das Prädikativum ließe sich auch ohne weiteres durch eine Umstandsangabe im Ablativ ersetzen:

(14a) *Nihil umquam mihi incidet, quod cum tristitia excipiam.*

Dieses Beispiel macht auch deutlich, daß das Beschreibungssystem von Satzgliedposition und Füllungsarten in einem Zusammenhang mit dem Prinzip der Austauschbarkeit steht.

Umgekehrt kann man mit der Austauschprobe auch die unterschiedliche syntaktische Natur derselben Füllungsart zeigen:

(15) *Quae nocent, docent.*

(16) *Quae nocent, fugimus.*

(17) *Ea, quae nocent, fugimus.*

Der Relativsatz erscheint in (15) als Subjekt, in (16) als Objekt und in (17) als Attribut. Man könnte sich auch noch folgende Formulierung denken:

(18) *Ea, quae noceant, fugimus.*

Der Konjunktiv deutet dann auf einen adverbialen Nebensinn: konsekutiv oder kausal.

(19) *in Graecia versari.*

(20) *in Graecia amicos visitare.*

In (19) ist die Ortsbestimmung valenzgebundene Ergänzung (vgl. Satz 11), in (20) ist sie dagegen weglaßbar und damit eine freie Angabe (Adverbiale).

---

14 Vgl. VESTER, H.: Zum Verhältnis von Prädikativum und Adverbialbestimmung. In: Gymnasium 94 (1987), 346–366; ders.: Einige Hinweise zum Prädikativum. In: Anregung 35 (1989), 235–242. Vgl. dagegen PINKSTER (s. Anm. 3) 232ff.

2.3 Die Transformation

Alle Kommutationen stellen eigentlich Transformationen dar. In diesem Abschnitt soll eine Transformation im engeren Sinne behandelt werden[15]: ein Oberflächensatz wird auf einen zugrundeliegenden Satz zurückgeführt.[16] Mit dieser Transformation lassen sich die Satzwertigkeit von Nominalkonstruktionen, ihre syntaktische Funktion und ihre Binnenstruktur zeigen.

(21) *Te recte facere intellego.* → a) *Tu recte facis;* b) *id (eam rem) intellego.*

Id, das anaphorisch den gesamten Satz a) vertritt, wird im Oberflächensatz durch den Aci ersetzt, d. h. ein selbständiger Satz wird durch Einbettung abhängig gemacht. Das Pronomen (vor allem sein Ersatz *eam rem*) zeigt die Satzgliedfunktion der Einbettung an: Objekt (in der Position eines Akkusativ-Objekts). Gleichzeitig wird deutlich, daß der Akkusativ ein Subjekt repräsentiert, der Infinitiv ein Prädikat.

(22) *Te recte facere decet.* → *Tu recte facis; id (ea res) te decet.*

In diesem Fall übernimmt derselbe Aci die Funktion des Subjekts.

(23) *Profecto avunculo ipse studiis impendi* (Plin. ep. VI 20,2).
→ a) *Avunculus profectus erat;* b) *deinde ipse studiis impendi.*

Der zugrundeliegende Satz zeigt, daß kein Satzglied von a) in b) enthalten ist. Bei der Einbettung entsteht die Konstruktion des Ablativus absolutus. Der Ablativ stellt das „Subjekt" der satzwertigen Konstruktion dar, das Partizip ihr „Prädikat". Das Adverbiale *deinde* in b) repräsentiert den gesamten Satz a); damit läßt sich nachweisen, daß der Ablativus absolutus bei der Einbettung die Rolle des Adverbiales übernimmt.

Es empfiehlt sich, die Transformation auch zur Einführung der satzwertigen Konstruktionen heranzuziehen; man geht dabei

---

15 Vgl. dazu HAPP (s. Anm. 4) 393 ff.
16 Zugrundeliegender Satz – dieser Begriff ist nicht unbedingt im Sinne der sprachgeschichtlichen Entstehung gemeint, sondern eher im Sinne der Tiefenstruktur.

von dem zugrundeliegenden Satz aus und zeigt mit Hilfe der Einbettung die Konstruktionsmerkmale. Dies geschieht in den modernen Lehrbüchern im Ansatz, doch oft mit merkwürdiger Diskrepanz zwischen Einführungsstück und Grammatikbeschreibung. Im Falle des Aci z. B. führt ROMA B über eine – allerdings unvollständige und wegen *periculum* schlecht gewählte – Transformation ein, erklärt aber den Aci im Grammatischen Beiheft mit Hilfe von *iubeo;* die Satzwertigkeit wird angesprochen, aber nicht demonstriert (L. 56). OSTIA geht ebenfalls von einer Transformation aus, greift den Ansatz im Grammatikteil auf, allerdings in der für dieses Lehrbuch charakteristischen Umständlichkeit und Kompliziertheit (L. XIV). Der CURSUS NOVUS compactus wählt den scheinbar leichteren Ausgangspunkt mit *video,* erläutert aber – allerdings unvollständig – die Einbettung (L. 18). Die IANUA NOVA geht auch in der Neubearbeitung von der gleichen Konstruktion aus *(video)* und verzichtet auf die Erklärung durch Einbettung (L. 5). Vergleichbare Beobachtungen lassen sich bei den anderen satzwertigen Konstruktionen machen.

Mit Hilfe der Transformation kann man auch gut die semantische Differenzierung des Genitivus subiectivus und des Genitivus obiectivus demonstrieren. Die Rückführung auf den zugrundeliegenden Satz war schon der traditionellen Grammatik bekannt. Wichtig ist nur zu zeigen, daß beide Genitive syntaktisch als Attribut fungieren und nicht fälschlicherweise – wie etwa im CURSUS – als Subjekt oder Objekt bezeichnet werden. Auch CURSUS NOVUS compactus formuliert immer noch unscharf (GB B S. 27): „Der Genitiv gibt das Subjekt an: Genitivus subiectivus" (und entsprechend beim Genitivus obiectivus).

Eine weitere Transformation – die Passivtransformation – dient häufig als Übungsform, doch kann sie auch zum Nachweis von Satzgliedfunktionen verwendet werden. Mit ihrer Hilfe kann man z. B. den syntaktischen Unterschied zwischen Akkusativ-Objekt und adverbialem Akkusativ vorführen.

(24) *Vinum potabant.* → *Vinum potabatur.*

(25) *Totos dies potabatur* (Cic. Phil. II 67) → * *Toti dies potabantur.*

2.4 Die unterrichtliche Bedeutung der Proben

Von den zahlreichen linguistischen Tests wurden hier nur einige wenige vorgeführt, deren grundsätzliche oder gelegentliche Verwendung im Unterricht sich bewährt hat. Allerdings wird dabei eine bestimmte Voraussetzung gemacht: daß man es mit der Trennung der Beschreibungsebenen ernst meint und nicht, wie die früheren Schulgrammatiken verfahren[17], je nach Bedarf die Beschreibungsebene wechselt, ohne dies zu kennzeichnen. Trotzdem kann ich verstehen, wenn Lehrer und vielleicht auch Oberstufenschüler sich fragen, ob diese Systematik für unsere primäre Arbeit, das Verstehen von Texten, wirklich hilfreich ist, ob es für das Übersetzen nicht gleichgültig ist, welche syntaktische Funktion etwa ein Ablativus absolutus oder der Ablativus separativus bei den Verben des Beraubens haben.

Auf diese häufig gestellte Frage gebe ich sechs knappe Antworten:

1. Ohne Semantik geht das Übersetzen von Texten in der Tat nicht; deshalb muß der Schüler weiterhin die traditionelle Lehre von den Kasus und den Gliedsätzen kennen.

2. Die Trennung der Beschreibungsebenen erlaubt dem Lehrer ein zielgerichtetes Fragen und gewährleistet eine rasche Verständigung im Klassenzimmer. Die ohnedies methodisch unhaltbare Frage etwa bei S. (25) „Was ist *totos dies?*" kann abgelöst werden durch die Frage nach Form, nach Bedeutung (Welche Bedeutung hat der Akkusativ *totos dies?*) oder nach syntaktischer Funktion (Welches Satzglied ist *totos dies?*).

---

17 Vgl. etwa Throm, H.: Lateinische Grammatik. – Düsseldorf 1964, S 45 Genitiv als Objektskasus; S 46 Genitiv bei unpersönlichen Transitiva; S 47 der genitivus possessivus.

3. Das System von Satzgliedposition und Füllungen vermag dem Schüler einen klareren Durchblick durch die lateinische Grammatik zu geben als die pragmatische Vermischung der Beschreibungsebenen mit eher zufälligem Bezug auf die syntaktischen Relationen.

4. Die Einsicht in das Zusammenspiel dieser drei Aspekte stellt ein wesentliches Moment der im Lateinunterricht angestrebten Spachreflexion dar.

5. An einer Reihe von Stellen erleichtert die syntaktische Erfassung durchaus das Verstehen von Sätzen, etwa wenn ein Infinitiv oder ein Relativsatz Subjekt ist.

6. Praktiziert man die von DIETER LOHMANN vorgeschlagene Dreischrittmethode[18], ist die Kenntnis der syntaktischen Funktionen, der Satzgliedpositionen und ihrer Füllungen unerläßlich. Der erste Schritt dieser Übersetzungsmethode ist immer die Bestimmung des ersten im Satz vorkommenden Gliedes, sei das nun ein Einzelausdruck, eine satzwertige Konstruktion oder ein Gliedsatz.

Alle diese Argumente sprechen für eine klare Sprachbeschreibung im Unterricht. Die oben beschriebenen Proben sind für einen so ausgerichteten Unterricht oft hilfreich und manchmal unerläßlich.

3. Die Textgrammatik im Unterricht

Die Textgrammatik ist eine Methode zur Analyse von Texten. Die altsprachliche Fachdidaktik hat sie allerdings in ihr Methodenrepertoire im Rahmen der Texterschließung eingeführt, d. h. also zur Analyse von Texten, die dem Schüler noch unbekannt sind.[19] Ich habe in einem Beitrag im AU meine Bedenken gegen diese durchgängige Verwendung textgram-

---

18 LOHMANN, D.: Latein – ein Ratespiel? In: AU XXXII 6 (1989), 29–54.
19 Vgl. dazu GLÜCKLICH, H.-J.: Satz- und Texterschließung. In: AU XXX 1 (1987), 5–36.

matischer Aspekte vorgebracht.[20] Auch D. LOHMANN äußert sich entschieden in dieser Richtung (36)[18]: „Als ‚Texterschlie-ßungsverfahren' mißverstanden, beansprucht die Analyse, die Rolle des Erstverstehens mit zu übernehmen. Dies ist logisch und sprachlich nicht möglich, denn diese Vermischung bedeu-tet die Ignorierung aller wesentlichen Faktoren des ‚normalen' Verstehens: Sukzessivität, Spontaneität und Totalität." Der wichtigste methodische Ort für die Textgrammatik ist also die Analyse eines schon in der Übersetzung erarbeiteten Tex-tes, dessen sprachliche Gestaltung man näher untersuchen möchte. Eine solche Untersuchung kann im Unterricht oder bei der schriftlichen Leistungsüberprüfung vor sich gehen. Ich gebe zwei Beispiele für diese Verwendungsformen.

3.1   **Analyse von Modus, Personenkennzeichen und Ko-Referenz**

Catull c. 8

Miser Catulle, desinas ineptire,
et quod vides perisse, perditum ducas.
fulsere quondam candidi tibi soles,
cum ventitabas, quo puella ducebat
5 amata nobis, quantum amabitur nulla.
ibi illa multa tum iocosa fiebant,
quae tu volebas nec puella nolebat,
fulsere vere candidi tibi soles.

Nunc iam illa non vult: tu quoque, impote⟨ns, noli⟩
10 nec, quae fugit, sectare nec miser vive,
sed obstinata mente perfer, obdura.
vale, puella! iam Catullus obdurat
nec te requiret nec rogabit invitam.
at du dolebis, cum rogaberis nulla.

20 VESTER, H.: Zum Verhältnis von Didaktik und beruflicher Praxis. In: AU XXVI 6 (1983), 61–79.

15 scelesta, vae te! quae tibi manet vita?
quis nunc te adibit? cui videberis bella?
quem nunc amabis? cuius esse diceris?
quem basiabis? cui labella mordebis?
at tu, Catulle, destinatus obdura.

Das Gedicht hat vielfältige Deutungen erfahren. R. Heine
(26)[21] faßt diese vereinfachend so zusammen: „eine ernste, eine
heitere und eine gleichsam vermittelnde dritte, die den Ernst
mit einer spielerischen Note durchsetzt." Im folgenden soll nun
beschrieben werden, wie im Unterricht mit Hilfe weniger
textgrammatischer Aspekte erst einmal die Struktur des Gedichts erfaßt werden könnte: eine Dialogstruktur mit einem
besonderen Charakter. Erst nach der Erkenntnis der Gestaltung ließe sich dann die Frage nach Spiel oder Ernst aufgreifen.
Die textgrammatischen Aspekte, die hier fruchtbar herangezo-
gen werden können, sind die Analyse der Modi, der Personenkennzeichen und der Ko-Referenz, also des gleichen Bezugs
sprachlicher Zeichen.[22]
Carmen 8 beginnt und endet mit einer Anrede an den Dichter
selbst (1, 19). Das ist für den Philologen, der seinen Catull
kennt, nichts Besonderes. Die Schüler mag eine solche Struktur überraschen; war hier ein anderer Dichter am Werk, der
Catull diese Verse widmet, oder wendet sich der Autor in der
Form an sich, daß er sich selbst zum Gegenüber macht?
Was die Schüler zunächst beobachten können, ist die bis V. 11
durchgehende 2. Person Singular – bald im Indikativ, bald im
Konjunktiv, bald im Imperativ. Die Formen der Aufforderung
überwiegen. Aber auch die anderen Zeichen in den V. 1–11
beziehen sich auf den angeredeten Catull: die beiden Vokative
(1, 9) und die Personalpronomina der 2. Person Singular (3, 8,
9); alle diese Zeichen sind referenzidentisch. Unpassend in

---

21 Heine, R.: Catull. Interpretationen. – Frankfurt 1970.
22 Auf diesen wie auch auf andere textgrammatische Begriffe kann im Unterricht ohne
    weiteres verzichtet werden; es kommt auf die Sache an.

diesem Zusammenhang scheint *nobis* (5) zu sein – nicht so sehr des Plurals wegen, sondern wegen des Personenbezugs; in der vorliegenden Dialogstruktur müßte ja *tibi* bzw. *vobis* erscheinen. Für den aufmerksamen Leser ist das ein erster Hinweis, daß der Dialog doch komplexer gestaltet ist, als es zunächst scheint. Am Ende wird es sich herausstellen, daß *nobis* der einzige formale Hinweis auf den Autor des Gedichts bleibt. Thema des Dialogs – besprochene Person – scheint Lesbia zu sein; sie ist mit *puella* (8) gemeint. Referenzidentisch mit *puella* sind die Personenkennzeichen der 3. Person Singular und das aus dem Text weisende Pronomen *illa* (9).

Auch im zweiten Teil des Gedichts liegt eine Dialogstruktur vor; doch ab V. 12 wechseln die sprachlichen Zeichen für die bisher eingeführten und scheinbar auf ihre Rolle im Dialog festgelegten Personen. Die zu Beginn angesprochene Person Catull wechselt plötzlich in die Rolle der in der 3. Person Singular besprochenen Person über: *Catullus obdurat* (12), *nec requiret* (12), *nec rogabit* (12). Der Sprecher wendet sich jetzt an Lesbia als angesprochene Person: *vale* (12), *dolebis* (14), *rogaberis nulla* (14), *videberis* (16), *amabis* (17), *diceris* (17), *basiabis* (18), *mordebis* (18). Referenzidentisch sind die Anreden *puella* (12), *tu* (14), *tibi* (15), *te* (14, 16). Der Modus der Prädikate ist bis auf den Imperativ *vale* in der Spitzenstellung durchgehend der Indikativ.

Der Umschlag in die neue Dialogstruktur – Lesbia wird jetzt angeredet – geschieht in V. 12, doch merkwürdigerweise tritt Catull nicht als sprechende Person auf: er rückt in die distanzierende 3. Person. Erst der Schlußvers schließt auf den Anfang zurück: Catull erscheint wieder als Angeredeter, und zwar in Verbindung mit dem Imperativ *obdura* als letztem Wort des Gedichts. Spätestens jetzt wird deutlich, daß der Verfasser, die angesprochene Person im ersten Teil des Gedichts und im Schlußvers sowie die besprochene Person im zweiten Teil identisch sind.

Mit der Analyse von nur drei textgrammatischen Kategorien läßt sich zeigen, daß carmen 8 eine Selbstreflexion des Dichters darstellt, die in zwei unterschiedlich strukturierten Dialogpartien verläuft. Im ersten Dialog spricht Catull mit sich selbst über Lesbia, fordert sich in immer neuen Formulierungen zur Loslösung von ihr auf. Im zweiten Dialog rückt Lesbia aus der Distanz in die Perspektive der angesprochenen Person; dafür rückt ihr der Dichter jetzt ferne: er geht in die 3. Person. Die Distanz zwischen den beiden scheint nicht mehr überbrückbar zu sein, und doch wird durch den Schlußvers, der wieder hinter die scheinbar gewonnene Position des V. 12 *(vale)* zurückgeht, schon das Nachgeben signalisiert. Die Anlage der Dialogstruktur macht den Reiz des Gedichtes aus und stellt vielleicht auch den Schlüssel zur Lösung des Deutungsproblems dar.

Methodisch fruchtbar erwiesen sich für die Analyse textgrammatische Kategorien. Die textlinguistischen Verfahren haben den Vorteil, daß sie formalisierbar und damit erlernbar sind. Daß wir uns auf nur drei Aspekte konzentrieren konnten, hängt mit der Textsorte zusammen: Textsyntaktische Elemente korrespondieren schwerpunktmäßig mit bestimmten Textsorten.[23] Dieser Zusammenhang wird im folgenden tabellarisch dargestellt:

Textsorte	Schwerpunkte der Textsyntax
Erzählende Texte: z. B. Geschichtsschreibung, Fabel, Epos, Erzählungen im Rahmen anderer Textsorten (z. B. in Reden)	Tempora: Gliederung im Vordergrund und Hintergrund Personenkennzeichen: 3. Person; 1. Person nur, wenn sie an der Handlung beteiligt war oder diese kommentiert Konnektoren: anreihend, zeitliche Gliederung

---

23 Eine ausführlichere Darstellung gibt GLÜCKLICH (s. Anm. 19) 18f.

Textsorte	Schwerpunkte der Textsyntax
Besprechende und erörternde Texte: z. B. Reden, Briefe, Monologe und Dialoge im Drama, Gedichte, philosophische und theologische Schriften (auch als Dialog oder Brief)	Modus: *alle* Modi (Überlegungen, Wünsche und Aufforderungen, Gedankenexperimente) Personenkennzeichen: alle Personen (außer im Monolog) Konnektoren: begründend, folgernd, adversativ

3.2 Die schriftliche Leistungsüberprüfung

Für die Verwendung textgrammatischer Aspekte bei Klassenarbeiten gebe ich zwei Beispiele:
a) eine Übersetzungsklausur aus einem Leistungskurs, bei der einige Proformen inhaltlich bestimmt werden müssen. Dieses Verfahren führt zu einer in wichtigen Teilen eindeutigeren Dokumentation des Textverständnisses, als es die reine Übersetzung vermag.[24]
b) eine textgrammatische Aufgabe aus einer Interpretationsklausur des 13. Jahrgangs. Ich füge dieser Aufgabe neben meinem Erwartungshorizont die beste Schülerleistung hinzu.

a) Über das Verhalten des Staatsmannes (Cicero, De officiis I 85/86)

1 Omnino qui rei publicae praefuturi sunt, duo Platonis praecepta teneant,
  unum, ut utilitatem civium sic tueantur, ut, quaecumque agunt, ad eam
  referant obliti commodorum suorum, alterum, ut totum corpus rei publicae
  curent, ne, dum partem aliquam tuentur, reliquas deserant. Ut enim tutela,
5 sic procuratio rei publicae ad eorum utilitatem, qui commissi sunt, non ad
  eorum, quibus commissa est, gerenda est. Qui autem parti civium consu-
  lunt, partem neglegunt, rem perniciosissimam in civitatem inducunt, sedi-
  tionem atque discordiam; ex quo evenit, ut alii populares, alii studiosi

---

24 In Baden-Württemberg werden in den Kursen in der Regel reine Übersetzungen oder Interpretationsklausuren (mit beigegebener Übersetzung) geschrieben. Aus solchen Aufgaben stammen die Beispiele. Die in der Interpretationsaufgabe angegebene Übersetzung ist hier nicht abgedruckt.

optimi cuiusque videantur, pauci universorum. Hinc apud Athenienses
10 magnae discordiae, in nostra re publica non solum seditiones, sed etiam
pestifera bella civilia; quae gravis et fortis civis et in re publica dignus
principatu fugiet atque oderit tradetque se totum rei publicae neque opes
aut potentiam consectabitur totamque eam sic tuebitur, ut omnibus consu-
lat. Nec vero criminibus falsis in odium aut invidiam quemquam vocabit
15 omninoque ita iustitiae honestatique adhaerescet, ut, dum ea conservet,
quamvis graviter offendat mortemque oppetat potius quam deserat illa,
quae dixi.

Fragen:

Worauf beziehen sich inhaltlich die folgenden Pronomina:
1. *eam* (Z. 2); 2. *hinc* (Z. 9); 3. *quae* (Z. 11); *illa, quae dixi* (Z. 16/17).

Erwartungshorizont:
1. *utilitatem civium* (Z. 2); 2. auf den vorausgehenden Satz (Z. 7–10); 3. *magnae discordiae, seditiones, pestifera bella civilia* (Z. 10–12); 4. auf den Gesamttext.

b) Tacitus, Annalen III 64

Sub idem tempus Iuliae Augustae valetudo atrox necessitudinem principi fecit festinati in urbem reditus, sincera adhuc inter matrem filiumque concordia sive occultis odiis. neque enim multo ante, cum haud procul theatro Marcelli effigiem divo Augusto Iulia dicaret, Tiberi nomen suo postscripserat, idque ille credebatur ut inferius maiestate principis gravi et dissimulata offensione abdidisse. set tum supplicia dis ludique magni ab senatu decernuntur, quos pontifices et augures et quindecimviri septemviris simul et sodalibus Augustalibus ederent. censuerat L. Apronius ut fetiales quoque iis ludis praesiderent. contra dixit Caesar, distincto sacerdotiorum iure et repetitis exemplis: neque enim umquam fetialibus hoc maiestatis fuisse. ideo Augustales adiectos, quia proprium eius domus sacerdotium esset, pro qua vota persolverentur.

Aufgabe:

1. Stellen Sie den Gedankengang des Kap. 64 dar; gehen Sie dabei von den Tempora und den Konjunktionen aus!

Erwartungshorizont:

1. Beginn einer neuen Handlung: Die schwere Erkrankung der Iulia Augusta (Livia) veranlaßt die Rückkehr des Tiberius nach Rom. *sub idem tempus* verknüpft diese Episode mit den vorausgegangenen Ereignissen.
2. Als Schleppe ein Abl. abs.: mögliche Motive für die Rückkehr (noch intakte Beziehungen oder Zurückstellung von Haßgefühlen nach außen).
3. Mögliche Begründung für die Richtigkeit der zweiten Vermutung (durch einen vorzeitigen [Plusquamperfekt] und einen gleichzeitigen [Imperfekt] Hauptsatz): Livia *hatte* auf einer Augustusdarstellung den Namen des Tiberius hinter ihren *geschrieben* und das Volk *glaubte*, Tiberius sei über diese Behandlung aufgebracht.

4. Rückkehr zur Haupthandlung, die im Gegensatz *(sed)* zur vermuteten Haltung des Tiberius steht: *supplica* und *ludi magni* werden für Livia beschlossen (historisches Präsens).

5. Aufgreifen eines weiteren – vor der eben berichteten Beschlußfassung – liegenden Antrags (Plusquamperfekt).

6. Reaktion des Tiberius auf diesen Antrag: Perfekt, das die Handlung auf der Zeitebene der Vorvergangenheit weiterführt.

Schülerlösung:

Der erste Satz schließt gleichzeitig *(sub idem tempus)* an das Vorausgehende an, ist also die narrative Zeitebene des Historikers (Perfekt). Es ist die vordergründige, punktuelle Handlung: Tiberius muß zur kranken Mutter.

Als Schleppe kommt das Verhältnis der beiden, das bis in die Gegenwart reicht *(adhuc;* gleichzeitiger nominaler abl. abs.). Für den Fall, daß es schon schlecht ist, bringt Tac. einen Grund aus der Vorvergangenheit *(non multo ante, cum dicaret, postscripserat).* Das wurde schon damals, aber auch jetzt noch als Affront gegen Tiberius angesehen *(credebatur abdidisse;* Impf. = durativ; Plsq.: Wertung durch Tiberius).

Set tum bringt wieder die Haupthandlung – anschließend an den ersten Satz; zu ergänzen ist offenbar: Livia hat sich erholt. Präsens hier, weil jetzt das kommt, was Tacitus eigentlich erzählen will. Den endgültigen Senatsbeschlüssen geht ein (nicht beschlossener) Antrag voraus, der aber hinterher berichtet wird; also Plusquamperfekt. Auf diesen Antrag antwortet Augustus (etwas nach dem Antrag, also Perfekt) ablehnend; in der oratio obliqua erläutert er seine Position, wobei er auf die vorher gefaßten Beschlüsse Bezug nimmt (daher Vorzeitigkeit) und allgemein die Einmaligkeit eines solchen Antrags gegenüber der Vergangenheit zeigt *(fuisse).*

Auch bei der Leistungsüberprüfung beschränkt sich die konkrete Aufgabe auf einen oder zwei Aspekte; als fruchtbar haben sich dabei die Analyse der Tempora in Erzähltexten, bei allen Textsorten die Analyse der Konnektoren und der Proformen erwiesen.

Dieser Beitrag befaßte sich mit einem knappen Ausschnitt aus der linguistischen Diskussion und ihrer Bedeutung für die schulische Praxis. Textpragmatische Gesichtspunkte, wie z. B. illokutive Sprechakte oder der Zusammenhang zwischen pragmatischen Faktoren und stilistischer Gestaltung, konnten in diesem Rahmen nicht erörtert werden; sie bedürfen einer ausführlicheren Darstellung.

Veröffentlichungen von Josef Lindauer

I. Bücher und Aufsätze:

1. Der Octavius des Minucius Felix in Schule und Schulpraxis. In: Die alten Sprachen im Unterricht V 4 (1957), 8–19.
2. Übungsbuch für die 3. Lateinklasse. – Bamberg 1961, 1976[15].
3. M. Minucius Felix: Octavius. Die Apologie im Grundriß (herausgegeben und erläutert) Reihe: Humanitas Christiana 3. – München (Kösel) 1964.
4. M. Minucius Felix: Octavius. Beiheft für die Hand des Lehrers. – München (Kösel) 1964.
5. Sallust: Die Verschwörung des Catilina. Übersetzt, erläutert und mit einem Essay „Zum Verständnis des Werkes" sowie einer Bibliographie versehen. Reihe: Rowohlts Klassiker der Literatur und Wissenschaft 165. – Reinbek 1964.
6. Tacitus: Germania. Übersetzt, erläutert und mit einem Essay „Zum Verständnis des Werkes" sowie einer Bibliographie versehen. Reihe: Rowohlts Klassiker der Literatur und Wissenschaft 217. – Reinbek 1967.
7. Eine Horaz-Inkunabel aus dem Jahre 1498. Beilage zum Jahresbericht 1969/70 des Wilhelmsgymnasiums München.
8. Lateinische Grammatik (zus. mit K. BAYER). – Bamberg 1974 u. ö.
9. Cornelius Tacitus: Germania. Bericht über Germanien, lateinisch und deutsch. – München (dtv 9101), 1975.
10. Wilhelmsgymnasium München Thierschstraße 1877–1977, Eine Rückschau in Dokumenten (unter Mitarbeit von BRIESSMANN, A., EIGNER, E. und WEHLEN, W.). – München 1977.
11. Lateinische Wortkunde. Bildung, Bestand und Weiterleben des lateinischen Grundwortschatzes. – Bamberg 1978 u. ö.

122

12. Friedrich Thiersch und das bayerische Gymnasium. In: Jahresbericht 1980/81 des Wilhelmsgymnasiums München, S. 40–60.
13. Sallust: Werke (zus. mit EISENHUT, W.). – München und Zürich (Artemis) 1985.

II. Besprechungen:

Literaturbericht Latein über die Jahre 1957–1965
In: Anregung, Zeitschrift für die Höhere Schule, (hrsg. von HÖRMANN, F.). – München (BSV): 4 (1958), 349–354; 5 (1959), 21–23; 6 (1960), 58–59, 112–117, 181–185; 8 (1962), 316–320, 389–392; 10 (1964), 414–417; 11 (1965), 53–58, 191–198, 263–268; 12 (1966), 338–347, 417–426.

III. Herausgeber

1. (zus. mit LEITSCHUH, M., und FIEDLER, W.):
   Lateinisches Unterrichtswerk I–V. – Bamberg 1961–1978.
2. (zus. mit WESTPHALEN, K.):
   ROMA, Unterrichtswerk für Latein als 1. Fremdsprache I–IV. Bamberg 1975–78 u. ö.
   ROMA, Unterrichtswerk für Latein. Ausgabe B in zwei Bänden. Bamberg 1984–85 u. ö.
   ROMA, Unterrichtswerk für Latein. Ausgabe C in drei Bänden. Bamberg 1987–89 u. ö.

Inhalt

AUXILIA

A U X I L I A

AUXILIA

C. C. BUCHNERS VERLAG